Finde es heraus ...
Wie weit Du in Dein Inneres sehen kannst,
das Vorhandene entdeckst ... und einsetzten lernst.
Für Dein Glück ...
Deine Zufriedenheit ...
Deine Entspannung.

Ralf Häntzschel

Hypnose Leitfaden

Modul 1

Grundkurs Hypnose

... zum Selbststudium
... Skript zum Seminar

Bibliografische Information der Deutschen Nationalbibliothek:
Die Deutsche Nationalbibliothek verzeichnet diese Publikation in der Deutschen Nationalbibliografie; detaillierte bibliografische Daten sind im Internet über http://dnb.dnb.de abrufbar.

© 2016 Ralf Häntzschel / Hypnos-Esslingen
1.Auflage 2016
2.Auflage 2017

Illustration: Häntzschel Art & Design
Fotografie: Häntzschel Art & Design

Herstellung und Verlag: BoD – Books on Demand, Norderstedt

Alle Rechte vorbehalten.
Jede Vervielfältigungen, Übersetzungen, Mikroverfilmungen, Einspeicherung und Verarbeitung in elektronische Systeme, oder sonstige Verbreitung, bedarf der schriftlichen Zustimmung des Autors.

ISBN: 9 783 743 197 664

Inhaltsverzeichnis

Vorwort	8
Was erwartet Sie in diesem Seminarheft	11
1. **Geschichtliches**	12
1.1 Frühe oder vorwissenschaftliche Zeit	12
1.2 Neuere oder wissenschaftliche Zeit	14
2. **Rechtliches & Ethikrichtlinien**	18
2.1 Rechtliches	18
2.2 Ethikrichtlinien	22
2.3 Ausbildungsvoraussetzungen	23
3. **Was ist Hypnose**	24
3.1 Hypnose oder Trance	25
3.2 Was erzeugt Trance? Wie erleben wir Trance?	25
3.3 Trancetiefen	28
3.4 Hirnwellen Frequenzen	30
3.5 Gefahren und Kontraindikationen	32
3.5.1 Gefahren	32
3.5.2 Kontraindikationen	33
3.6 Zeichen einer Trance	34
3.6.1 Zeichen während der Sitzung	34
3.6.2 Zeichen nach der Ausleitung	35
4. **Bewusstsein - Unterbewusstsein**	37
5. **Aufbau einer Hypnosesitzung**	39
5.1 Terminbestätigung	39
5.2 Anamnese	42
5.3 Einleitung (Induktion)	46
5.4 Vertiefung	46
5.5 Wirktext	46
5.6 Ausleitung	47
5.7 Nachgespräch	47
6. **Techniken und Hilfsmittel**	48

6.1 Die Stimme und Sprechtechnik	48
6.2 Rapport	50
6.3 Rapportübergabe	51
6.4 Rapportverlust	53
6.5 Trigger / Anker	56
6.6 Posthypnotischer Befehl	58
6.7 Suggestion	59
6.7.1 Bedeutung	60
6.7.2 Wichtige Grundregeln	61
7. Suggestibilitätstests	62
7.1 Formular Suggestibilität	62
7.2 Handfalttest (1)	64
7.2.1 Handfalttest (2)	65
7.2.2 Handfalttest (3)	67
7.2.3 Schwere Hand Test	72
7.2.4 Armlängentest	72
7.2.5 Magischer Finger Test	73
8. Einleitungen	74
8.1 Einleitung 1 Antiautoritär ... mit Ansprache und Körperlösung	75
8.2 Einleitung 2 Antiautoritär ... direkter Ansprache & Dissoziation	80
8.3 Elman (abgewandelt von Ralf Häntzschel)	85
8.4 Fixationsmethoden	93
8.4.1 Fixation Punkt	93
8.4.2 Fixation Finger	101
8.4.3 Fixation Pendel	106
8.4.4 Blitzeinleitung - Umfalltechnik	109
9. Ausleitung	114
9.1 Antiautoritär	114
9.1.1 Antiautoritäre Ausleitung 1	114
9.1.2 Antiautoritäre Ausleitung 2	115
9.2 Autoritär	115
9.2.1 123 / 1	115
9.2.2 123 / 2	116

9.3 Probleme bei der Ausleitung	117
10 **Wirktexte**	118
10.1 Entspannung / Selbstschutz / Kraft und Energie	118
10.2 Wirktext / Vertiefung - Entspannung	128
10.3 Krisen Überwinden	130
10.4 Seele Reinigen	133
11. **Schlusswort**	136
Der Auto	137

Vorwort

„Hypnose" in unserem Kulturkreis oftmals noch ein Begriff, dem etwas „ÜBERSINNLICHES, MYSTISCHES, oder gar GEFÄHRLICHES anhaftet.
Tatsache ist, dass seit der frühen Geschichte der Menschheit, hypnotische Anwendung Weltweit bekannt war und angewandt wurde.
In der Zeit des Mittelalters, konnten jedoch nur Mönche und Priester und später die sogenannten Bader eine Art Hypnose ausüben, da die christliche Kirche „TRANCE und HEILUNG" ansonsten als Teufelswerk und Hexerei verfolgte.
Zur Anwendung kam in der Regel der Exorzismus.
Angst und Schrecken ... wie schnell war man der Hexerei verdächtig und wie viele wurden letztendlich nach unsagbaren Qualen durch Folter auf dem Scheiterhaufen verbrannt.
So verhinderte wie in vielen anderen Bereichen eine FALSCHE FRÖMMIGKEIT die Gerechtigkeit, letztendlich den Fortschritt.
Nach dem Mittelalter geriet Hypnose in Europa leider weiter in Vergessenheit zu tief saß der über Jahrhunderte aufgebaute Aberglaube und das Misstrauen.
Doch auch in unserer Zeit leisten einige ihren Beitrag an dieser Sichtweite, durch reißerische, effekthaschende Show Hypnose und viele grenzwertige Darbietungen im Internet. Nicht zuletzt finden wir eine Menge an Fehlinformationen, welche dieses negative Bild über Hypnose vermittelt und verstärkt.

Moderne Wissenschaft, die Möglichkeit von Gehirnstrommessungen mit EEG (Elektroenzephalografie) seriöse Forschungen und Anwendungen der Hypnose und nicht zuletzt meine eigene Erfahrung erlauben mir beruhigt sagen zu können:

Hypnose hat nichts mystisches und hat auch nichts bedrohliches an sich. Gleichzeitig möchte ich auch den Mythos des Ausgeliefertseins, der Willenlosigkeit gegenüber eines Hypnotiseurs aus der Welt schaffen, denn dies trifft nicht zu, niemand ist ausgeliefert, oder willenlos, niemand kann gegen seinen Willen hypnotisiert werden, doch darauf werden wir später noch zu sprechen kommen.
Zwischenzeitlich ist Hypnose und Hypnosetherapie auch wieder im deutschsprachigen Raum, in Europa und der Welt eine etablierte Methode. Es gibt wissenschaftliche Abhandlungen und nach und nach verschwinden die Vorurteile.

Ich kann mich noch gut erinnern, an mein erstes mal ...
Auch ich hatte dieses Gefühl, ja so ein Gefühl von ...
Doch die Erwartungen wurden übertroffen, zwar nicht wie ich dachte, denn ich musste feststellen, Hypnose ist keine Narkose oder Bewusstlosigkeit.
Hypnose ist eben ... etwas ganz Besonderes.

Es war eine Entspannungsreise mit heilendem Licht.
Wir waren eine Gruppe von ca. 15 Teilnehmern, aufgereiht nebeneinander auf dem Boden. Nervös und voller Erwartung, gepaart mit etwas Angst vor dem Ungewissen.
Ich wartete und wartete, dass ich endlich in Trance gehen würde, doch dann war plötzlich wieder Schluss!
Es war mir UNBEGREIFFLICH, da sollte ich 40 Minuten auf dem Boden, auf dieser Isomatte gelegen haben. Für mich waren es doch höchstens 10 Minuten, aller, aller höchstens 15 Minuten gewesen. Und ich fühlte mich so frisch, ausgeruht, gesund,
fit und ...

noch vieles mehr, es war der Anfang einer Leidenschaft, ein Anfang des nicht mehr Loslassens, ein Anfang einer endlosen Begeisterung ...

„Hypnose"

(Danke - Rainer)

Ich wünsche allen viel Spaß beim Lesen und Lernen und Üben. Und viel Erfolg beim Erleben und Durchführen von Hypnose.

Alles Liebe
Ralf Häntzschel

Was erwartet Sie in diesem Seminarheft?

Modul 1 Grundkurs Hypnose

In Modul 1 werden wir die Grundlagen der Hypnose erlernen.
Am Anfang steht ein geschichtlicher Überblick.
Begriffe wie Hypnose, Trance, Anamnese, Induktion, Suggestion, posthypnotischer Befehl, Rapport, Trigger, Exduktion oder Deduktion, Trancetiefen, Unterbewusstsein, Blitzhypnose, Showhypnose werden wir danach nicht nur kennen, sondern verstehen. Nicht vergessen werden wir auch die rechtlichen Grundlagen.

Kurz, sie werden nach Durcharbeitung von Modul 1 die Fähigkeit besitzen, Dritte durch verschiedene Induktionstechniken in Trance zu versetzen und aus diesem Zustand wieder Auszuleiten. Sie werden Suggestionstexte (Wirktexte) sprechen können (einige Texte werden in diesem Modul zur Verfügung gestellt)

Modul 1 ist ein Teil der Gesamtausbildung (1 von 3)
zum Hypnotherapeut / Hypnos.esslingen.

Bereits nach diesem Modul kennen Sie die Grundlagen und besitzen die Fähigkeit diese Techniken anzuwenden. Weiterführende Techniken, wie Wirktexte erstellen und diese auch wirksam einzusetzen werden jedoch erst ab Modul 2 erarbeitet. Therapeutisches Arbeiten und weitere hilfreiche Methoden erarbeiten wir in Modul 3.

1. Geschichtliches

Hypnose ist keine Erfindung der Neuzeit, sondern kann auf eine sehr lange und alte Tradition ihrer Anwendung zurückblicken.

1.1 Frühe, oder vorwissenschaftliche Zeit

Es ist sicherlich nicht übertrieben zu sagen, dass Hypnose so alt ist wie die Menschheit, wenngleich wir dies nach wissenschaftlichen Kriterien nicht belegen können.

Die ersten Nachweise finden wir ca. 4000 vor Chr. bei den Sumerern, wo auf Tontafeln in Keilschrift darauf hingewiesen wurde, das Priester oder Heiler, Kranke im Halbschlaf mit Hilfe von Suggestionen heilten.

Aus Mesopotamien finden wir im Gilgamesch Epos (etwa 2.700 v.Chr.) der ältesten Mythensammlung der Welt Hinweise auf hypnotische Anwendungen.

In China hat bereits 2000 vor Chr. der Gründer der chinesischen Medizin Wang Tai durch Handstreichen über den Körper einen Trancezustand erzeugt.

In Indien gibt es bereits seit dem zweiten vorchristlichen Jahrtausend eine Tradition, ausgeübt durch Fakire und Yogis, welche der Hypnose sehr nahe kam.

Das älteste schriftliche Zeugnis für hypnotische Induktionstexte findet sich im Papyrus Eber aus Ägypten (ca.1.500 v.Chr.)

bekannt als Tempelschlaf der Ägypter, in den Zeiten der Isis- und Serapis Kulten.

600 vor Chr. wurde im antiken Griechenland im Äskulapkult bereits in Therapiezentren den so genannten Asklepeien Hypnose zu Heilzwecken eingesetzt.

Keltische Druiden haben schon im ersten vorchristlichen Jahrtausend reimende Gesänge zur Tranceinduktion eingesetzt.

„Hypnose" spielte und spielt auch bei Naturvölkern eine große Rolle, leider gibt es hier keine Aufzeichnungen da es sich in der Regel um schriftlose Kulturen handelt.

1.2 Neuere, oder wissenschaftliche Zeit

Bereits im vierzehnten Jahrhundert berichtete Theophrastus Philippus von Hohenheim (1494-1541) besser bekannt unter seinem Synonym Paracelsus, von Mönchen bei Ossiach in Kärnten, welche Ihre Patienten durch Fixation einer Glaskugel in einen schlafähnlichen Zustand führten.

Im 17. und 18. Jahrhundert war die Ausübung des Exorzismus weit verbreitet welche naturgemäß für diese Zeit in der Regel Kirchenleuten vorbehalten war (Priester, Mönche).
Hier wurde durch „Hypnose" die Besessenheit, eine damals weit verbreitete „Krankheit" ausgetrieben.
Einer der bekanntesten Vertreter ist der Landpfarrer Johann Joseph Gassner (1727-1779).

Die Aufklärung leitete auch für Hypnose eine neue Ära ein.
Vor allem durch Franz Anton Messmer (1734-1815) dem Begründer des „animalischen Magnetismus" .
Für Ihn war entscheidend, dass es sich nicht um eine spirituelle, sondern um eine natürliche Kraft handelte, welche er jedoch außerhalb des Menschen sah.
Messmer führte sehr viele „Massenmagnetisierungen" durch.
Zwischenzeitlich hatte sich ein „magnetisier Fieber" ausgebreitet, dessen Zentrum Paris war. Um auch die einfache Bevölkerung an diesem Segen teilhaben zu lassen, „magnetisierte er sogar Bäume in öffentlichen Parks, damit sich die armen daran heilen konnten.

Abt Abbe Faria (1755-1819) portugiesischer Priester und später Professor für Philosophie in Nîmes und Marseille, entwickelte die

Theorie des Somnambulismus. Ein Zustand der auf ein Verhalten im Körper des Patienten und nicht auf Kräfte des Magnetiseurs von außen zurückzuführen ist.

Der Begriff „Hypnose", ursprünglich abgeleitet von Hypnos dem griechischen Gott des Schlafes, so wie wir ihn auch noch heutzutage verwenden, wurde vom englischen Augenchirurg James Braid (1795-1860) publiziert.
Zum ersten mal verwendet, wurden jedoch die Begriffe „Hypnose und Hypnotismus" von Felix d`Henin de Cuvillers um 1820.
Braid der auf die Arbeit von Faria aufbaute kommt das verdienst zu, endgültig für Hypnose die Doktrin des animalischen Magnetismus abgeschafft zu haben. Damit wurde die Grundlage der experimental-wissenschaftlichen Hypnoseforschung gelegt.

In England um 1800 wurden sehr viele Operationen schmerzfrei unter Hypnose durchgeführt. Nach Einführung von Äther und Chloroform wurde die Anwendung der Hypnose zur Analgesie und Anästhesie immer weiter zurückgedrängt.

Ambrosius Libeault (1823-1904) ein einfacher Landarzt behandelte die arme Landbevölkerung unentgeltlich durch Hypnose. Er setzte die Patienten durch Blickkontakt und mit Hilfe von Suggestionen der Schläfrigkeit in Trance.
(Da er dies jedoch Unentgeltlich tat, fiel er bei den medizinischen Kollegen schnell in Ungnade).

Hyppolite Bernheim (1840-1919) entwickelte die Methoden des Ambrosius Liebeault weiter. Sein Werk von 1886 wird zum anerkannten und begehrten Lehrbuch.

Um Bernheim scharte sich eine kleine Gruppe von Psychiatern die unter dem Namen „Die Schule von Nancy" bekannt wurde.
Ein bekannter Schüler, oder wohl der bekannteste ist Sigmund Freud (1856-1939).

Freud setzte anfänglich auch in seinen psychoanalytischen Sitzungen Hypnose ein, gab dies aber später aus verschiedenen Gründen wieder auf.

Nicht vergessen sollte man auch Iwan Petrowitsch Pawlow (1849-1936) welcher zwar nicht hauptsächlich mit Hypnose arbeitete, jedoch durch seine Forschungen und die Entdeckung der Konditionierung bei Hunden (Auslöser-Reiz-Verhalten) bekannt geworden ist.

Emile Coue' (1857-1926) ein französischer Apotheker ist der Begründer der bewussten Autosuggestion.

> *„Es geht mir mit jedem Tag,*
> *in jeder Hinsicht,*
> *immer besser und besser".*

Professor Johann Heinrich Schulz (1884-1970) Begründer des Autogenen Trainings.

Dr. Milton Erickson (1901-1980) Begründer der antiautoritären (klinischen) Hypnose.
Erickson lehnte die formale Tranceinduktion ab und ersetzte diese durch ein zwischenmenschliches Kommunikationssystem,

welches darauf ausgerichtet war unbewusste Reaktionsmöglichkeiten anzusprechen.
Letztendlich könnte man ihn als Wegbereiter der Hypnose in die Moderne bezeichnen.

Sicher gibt es auch nach Erickson weitere wegweisende Persönlichkeiten, doch dieser kurze Überblick über geschichtliche Zusammenhänge, über die Entstehung und Entwicklung der „Hypnose" sollte uns fürs Erste reichen.

2. Rechtliches & Ethikrichtlinien

2.1 Rechtliches

Es gibt in Deutschland, Österreich und der Schweiz unterschiedliche Vorschriften und Rechtsverordnungen was die Anwendung von Hypnose anbelangt.
Hier möchte ich darauf hinweisen, dass jeder Hypnotiseur / Hypnotherapeut seine Dienste und Leistungen vor Eröffnung einer Praxis mit den jeweiligen Gesetzten in Einklang zu bringen hat.

In Deutschland gilt:
Eine Diagnoseerstellung und eine Heilbehandlung bleibt Ärzten und Heilpraktikern vorbehalten.
Also Personen mit einer Heilerlaubnis.

Hypnotiseure / Hypnotherapeuten ohne Heilerlaubnis können jedoch jederzeit **PRÄVENTIV TÄTIG** sein.

Es empfiehlt sich jedoch für Anwender ohne Heilerlaubnis, bei jeder Kommunikation nach außen folgenden Zusatz zu verwenden (Beispiele, können jederzeit modifiziert werden).

Aus rechtlichen Gründen möchten wir Sie bitten folgenden Hinweis zur Kenntnis zu nehmen:
Es wird vom Hypnotiseur / Therapeuten zu keiner Zeit eine medizinische oder naturheilkundliche Diagnose oder Behandlung durchgeführt. Eine Hypnosesitzung / Hypnotherapie ersetzt keine Behandlung bei einem Arzt oder Heilpraktiker.

Ihnen ist bekannt, dass vom Hypnotiseur / Hypnotherapeuten zu keinem Zeitpunkt eine ärztliche oder heilende Therapie durchgeführt wird. Es erfolgt zu keiner Zeit eine gewerbliche Ausübung der Heilkunde. Die Hypnotherapie ist kein Ersatz für eine ärztliche oder heilpraktische Behandlung!

Die Ausübung der Heilkunde ist im Heilpraktiker Gesetz klar definiert (Nachfolgend ein Ausschnitt).

§ 1

(1) Wer die Heilkunde, ohne als Arzt bestellt zu sein, ausüben will, bedarf dazu der Erlaubnis.

(2) Ausübung der Heilkunde im Sinne dieses Gesetzes ist jede berufs- oder gewerbsmäßig vorgenommene Tätigkeit zur Feststellung, Heilung oder Linderung von Krankheiten, Leiden oder Körperschäden bei Menschen, auch wenn sie im Dienste von anderen ausgeübt wird .

Nochmals:
Im Sinne der Lebensberatung dürfen Sie präventiv tätig sein jedoch keine Diagnosen oder Heilbehandlungen durchführen!

Nachfolgend eine Übersicht für die Arbeit von Hypnotiseuren / Hypnotherapeuten mit und ohne Heilerlaubnis.
Diese Übersicht ist keine rechtlich- verbindliche Aufzählung.

- Anwendungen ohne Heilerlaubnis

Lösung sämtlicher seelischer und geistiger Blockaden
Raucherentwöhnung
Gewichtsreduktion
Aufschieben - das Hinauszögern von Erledigungen
Stärkung des Selbstbewusstseins
Unterstützung beim Zahnarztbesuch
Nägel kauen
Reden halten
Leistungssteigerung im Berufs- und Privatleben
Prüfungsvorbereitung (Führerschein, Examen, Abitur etc.)
Wellness-Hypnose
Stress-Abbau bzw. Burn-Out-Prävention
Ego-Stärkung, Persönlichkeitsentwicklung
Mentaltraining und Leistungssteigerung
Wettkampfvorbereitung für Sportler
Versteckte Potentiale finden und entwickeln
Allgemeine Gesundheitsprävention
Stärkung des Immunsystems
Kommunikationstraining
Trauerbegleitung
Rückführung und Regression
Unsicherheit, Schüchternheit, Hemmungen u.v.a.
Hilfe bei Gedächtnis- und Konzentrationsschwäche
Hilfe gegen Stottern
Hilfe bei Tinnitus (Ausfiltern der Geräusche)

- Mit Heilerlaubnis

Schmerzen, körperliche Symptome
Depressionen (leichter und mittlerer Ausprägung)
Ängste (Flugangst, Prüfungsangst, ...)
Zwänge
Phobien
Allergien
Schlafstörungen
Persönlichkeitsstörungen
Abhängigkeiten und Süchte
Migräne oder Monatsbeschwerden
Phantomschmerzen

- Nur in Absprache mit einem Facharzt für Psychiatrie

Wahnvorstellungen
Geisteskrankheiten
Starker Medikamenteneinfluss
Psychosen
Suizidgefahr
Klinische Depressionen
Schizophrenie
Sonstige Ich-Störungen
Krampferkrankungen wie Epilepsie / Asthma

2.2 Ethikrichtlinien

Es ist nicht immer einfach Richtlinien aufzustellen und von Dritten zu erwarten sich daran zu halten, doch Bitte ich Sie in Ihrer zukünftigen Arbeit den Klienten, aber auch die Hypnose an sich mit größtem Respekt zu behandeln.

Bitte BEACHTEN :
Eine Ausbildung im Seminar vor Ort kann nur stattfinden, wenn nachfolgende Ethikrichtlinien vorher SIGNIERT wurden.

Ich werde zu keinem Zeitpunkt eine Hypnotherapie ohne Zustimmung des Klienten / Patienten durchführen.

Hypnotherapie werde ich nur zum Wohl der Mitmenschen einsetzen, auf jegliche unmoralische oder unethische sowie gesundheitsschädliche Elemente verzichten.

Nutzen und Risiken, werde ich bei jeder Sitzung verantwortungsvoll gegeneinander abwägen.

Erfolgs- „Heilungs-" und Besserungsaussichten werde ich immer wahrheitsgetreu darstellen.

Ich werde mich stets an die Schweigepflicht und Diskretion halten, sofern dadurch keine Selbst- oder Fremdgefährdung des oder durch den Klienten entsteht.

Ich verpflichte mich die vorgenannten Punkte einzuhalten und stets darauf bedacht zu sein mein Wissen nicht für schädliche oder kriminelle Handlungen einzusetzen.

2.3 Ausbildungsvoraussetzungen

Rein rechtlich gesehen, gibt es keine Beschränkungen, jedoch würde ich als Ausbildungsträger bei Zweifel der moralischen und ethischen Integrität eine Ausbildung im Seminar vor Ort ablehnen.

Dennoch sollten folgende Eigenschaften mehr oder weniger gegeben sein:

- Kontaktfähigkeit
- Geduld
- Gute Beobachtungsgabe
- Geistesgegenwart
- Empathie
- Ruhiges, sicheres Auftreten
- Sicherheit beim Sprechen (ein großer Vorteil ist eine wohlklingende Stimme, jedoch keine Voraussetzung)
- Wille zur seriösen und moralisch einwandfreien Anwendung

3. Was ist Hypnose

Alle Begrifflichkeiten, welche durch Mythen geprägt sind, alle Erklärungen, welche auf Fernsehen, Film und Internet, auf öffentliche Vorführungen zurückzuführen sind, bringen uns nicht weiter. Selbst bei der wissenschaftlichen Herangehensweise stoßen wir auf relative Uneinigkeit.
Da gibt es zahllose Schulen mit unterschiedlichen Auffassungen, da gibt es Wissenschaftler die trotz eines empirisch belegten Nachweises Hypnose nicht akzeptieren.
Folgen wir Kossak, welcher in seinem Buch „Hypnose" sagte: Lassen wir zu, das wir uns an das halten was „FUNKTIONIERT".

Hypnose ist ein veränderter Bewusstseinszustand bei dem die Wahrnehmung eingeschränkt ist, stark nach innen gewendet, auf eigene Gedanken und Gefühle. In diesem tiefen Entspannungszustand ist der Klient wesentlich empfänglicher für Suggestionen und dieses INNERE AUSRICHTEN eröffnet die Möglichkeit zur Kommunikation mit dem Unbewussten (Unterbewusstsein), was im wachbewussten Zustand nicht möglich ist.
Bei Hypnose handelt es sich nicht um Schlaf, keine Ohnmacht oder gar um Willenlosigkeit.
Dieser Zustand „Hypnose, Trance, verändertes Bewusstsein", eröffnet dem geschulten Anwender / Therapeuten vielschichtige Möglichkeiten.

3.1 Hypnose oder Trance

Beide Begriffe werden oft synonym verwendet, eine einfache Erklärung:

Hypnose beschreibt das Verfahren, die Technik, als auch den Zustand, welcher durch dieses Verfahren erzeugt, hervorgerufen wurde.

Trance beschreibt den Ruhezustand den Entspannungszustand den veränderten Bewusstseinszustand.

3.2. Was erzeugt Trance, wie erleben wir Trance?

Trance ist ein Zustand, welchen wir in der Regel mehrmals täglich erleben, so gesehen ist es ein natürlicher Zustand.
Diesen Zustand der Trance können wir jedoch auch bewusst durch Hypnose, oder Selbsthypnose erreichen.
Um Ihnen zu verdeutlichen, was es heißt Trance zu erleben, denken Sie doch einfach mal darüber nach, wie oft ist es schon vorgekommen, das Sie ganz vertieft vor dem Fernseher gesessen haben und Ihre Partnerin oder Ihr Partner fast schon laut werden, oder sie wachrütteln musste, um Ihre Aufmerksamkeit zu bekommen, obwohl sie eigentlich gar nicht dem Film gefolgt sind … ja, auch dies ist ein Trancezustand.
Mitmenschen auch Kinder, die einen starren Blick annehmen, weit weg sind und förmlich durch die Dinge hindurchschauen. Ja, auch dieses abwesend sein ist ein Trancezustand.

Sie fahren mit dem Auto und denken, oh ist das langweilig die ewige Autobahn. Leitplanken, Mittelstreifen …

Und plötzlich, sind sie angekommen, auch dies ist Trance, zwar sind Sie jederzeit bereit Situationen zu erkennen und zu meistern, doch eines bleibt, plötzlich ist man angekommen.

Kurz wir gerieten zumindest immer in Trance, beim **Aufwachen** beim **Einschlafen** und beim **Tagträumen**.

Wir alle kennen das Gefühl kurz vor dem Einschlafen oder kurz nach dem Aufwachen ... War das nun REAL? Irgendwie fehlt da noch der Bezug zur Realität ... Man ist sich nicht sicher ob man noch schläft oder schon wach ist.

In der Fachsprache nennt man dies „hypnagoge Halluzination."

Die Frage, wie erleben wir Trance ist genauso einfach zu beantworten.

Haben Sie Erfahrung in Autogenem Training, Yoga oder anderen Entspannungstechniken? Wenn ja, dann sind Sie bereits unserer Trance begegnet. Aber sicher ist das sie noch weitere Trancetiefen durch Hypnose und auch Selbsthypnose erleben werden.

Denn Hypnose öffnet weitere tiefere Trancezustände.

Ist das ALLES?

Ja, das ist ALLES, denn Hypnose ist keine Narkose, wir sind nicht ohne Bewusstsein.

Dennoch, Hypnose ist ... eben erheblich VIEL.

Lassen Sie es uns angehen, entdecken, erleben Sie Hypnose.

<u>Zurück zur Frage was erzeugt Trance? Eine ganze Menge!</u>

- **Meditation**
- **Beten**
- **Besessenheit**
- **Rituale**
- **Hypnose**
- **Lesen**
- **Sport**
- **Sex**
- **Selbsthypnose**
- **Angst**
- **Krankheit**
- **Musik**
- **Entspannung**
- **Und vieles andere mehr ...**

3.3 Trancetiefen

In der Regel stufen wir Trance in drei Stufen ein, leichte, mittlere und tiefe Trance.
(es gibt weit mehr Stufen, welche jedoch für uns im Folgenden ohne Relevanz sind)

- **Leichte Trance** (Somnolenz)

Man könnte auch sagen das Tor zur Meditation das Tor zur Trance. Das Wachbewusstsein ist noch voll aktiv und Klienten werden nach der Sitzung explizit darauf bestehen nicht in Trance gewesen zu sein.
In diesem Entspannungszustand, sind die Klienten jedoch bereit für einfache Suggestionen. Der Hypnotiseur / Hypnotherapeut sollte genau darauf achten, dass er die Anzeichen erkennt:
Flachere Atmung, schwerere Augenlieder, Wärme oder Kälte in Händen und oder Beinen. Der Klient hat hier eine erhöhte Wachsamkeit / Aufmerksamkeit gegenüber dem Hypnotiseur / Hypnotherapeuten.

- **Mittlere Trance** (Hypotaxie)

Die mittlere Trance ist der Zustand, welchen wir in den meisten unserer hypnotischen Sitzungen anstreben. Der Klient befindet sich in einer sehr tiefen Entspannung. Das Wachbewusstsein ist kaum noch aktiv und dadurch sind wir in der Lage Veränderungen mit großer Tragweite vorzunehmen. Es ist möglich in diesem Zustand Glaubenssätze NEU-, oder UM- zu Programmieren. Körperfunktionen wie Kreislauf und Atmung sind herabgesetzt und können sogar in diesem Zustand beeinflusst werden. In dieser mittleren Trance ist es auch möglich Schmerzen zu ertragen (Analgesie).

Klienten haben nach der Sitzung meist ein seltsames Körperempfinden und eine gestörte Zeitwahrnehmung, so werden Sitzungen Zeitlich als wesentlich kürzer empfunden.

- **Tiefe Trance** (Somnambulismus)

Tiefe Trance ist der Zustand der absoluten Entspannung, das Wachbewusstsein ist kaum oder nicht mehr vorhanden. Es ist möglich eine andere Realität und auch Halluzinationen zu erzeugen. Rückführungen und Reinkarnationen sind in diesem Zustand sehr gut möglich (wobei es teilweise wünschenswert ist bei diesen Anwendungen zwischen TIEF und MITTEL zu wandern).

In der tiefen Trance ist oft das „Augenflackern" sehr stark.
(REM Phase).

Zusammenfassend muss erwähnt werden, dass die Übergänge der einzelnen Stufen während einer Hypnosesitzung fliesend sind. Es ist nicht möglich eine Sitzung so zu gestalten, das immer in ein und der selben Trancetiefe verblieben wird. Aber genau dies ist was wir ja auch wollen, ja sogar benötigen. Einen Wechsel, ein hin und her eine bewusste Beeinflussung (oft mehr unbewusst).

Hier entscheidet das Können, die Klasse des Hypnotiseurs.
Das ist was uns vom Scharlatan trennt.

3.4 Hirnwellen Frequenzen

- **Betawellen** (15-30 je Sekunde)

Betawellen sind die vorherrschenden Frequenzen des Wachbewusstseins. Je ruhiger unser Zustand ist, je niedriger sind die Betawellen (14-15), bei mehr Aktivität, messen wir mehr mittlere Betawellen (15-18).
Liegt großer Stress vor, meist wenn negative Emotionen wie Wut, oder Aggressionen usw. vorhanden sind, misst man hohe Frequenzen von 18-30.
Niedrigen Betawellen finden wir auch bei "Leichten Trance".

- **Alphawellen** (8-14 je Sekunde)

Diese Frequenzen finden in der Regel bei leichter Entspannung, oder jedes Mal, wenn wir uns wohl fühlen wie beispielsweise beim Tagträumen.
Bei Hypnose in einer "Leichten und Mittleren Trance".

- **Thetawellen** (4-7 je Sekunde)

Thetawellen herrschen in der sehr tiefen Entspannung, sowie im Schlaf vor.
Bei Hypnose in der "Mittleren und der Tiefen Trance".

- **Deltawellen** (0,5-3 je Sekunde)

Deltawellen finden sich im Tiefschlaf also im traumlosen Schlaf, bei Bewusstlosigkeit, im Koma oder kurz vor dem Tod vor.

Deltawellen sind für hypnotische Anwendungen nicht geeignet, denn es muss ja noch eine Kommunikation zwischen Hypnotiseur und Klienten möglich sein.

Wir können lernen, bewusst Alpha- oder Thetawellen zu produzieren, je nachdem, ob wir eine leichte oder eine tiefe Entspannung erreichen wollen.
Hingegen haben Laborversuche ergeben, dass nur sehr wenige Versuchspersonen bewusst einen Zustand erreichen können, in dem die Deltawellen vorherrschend sind.
Wenn der Klient eine gute Entspannung erreicht, hat der Hypnotiseur / Hypnotherapeut die Garantie, eine gute Hilfestellung leisten zu können.
In einer Entspannung, in der die **Alpha- und Thetawellen** vorherrschend sind, hat man einen Zugang zu den Schichten des Unbewussten, zu denen man im Wachbewusstsein keinen Zugang hat. Nur hier kommt es mit dem Unbewussten zum Dialog.

Neuere neurophysiologische Untersuchungen haben ergeben, dass im Zustand einer Trance eine verstärkte Aktivität der rechten Gehirnhälfte zu verzeichnen ist. Dies zeigt sich in Form einer erhöhten Dichte der Alpha-Schwingungen. Da die rechte Gehirnhälfte bekanntlich vor allem für bildhaftes und ganzheitliches Denken zuständig ist, liefert uns diese Beobachtung einen Hinweis auf physiologische Prozesse, die den bildhaften Denkvorgängen der Trance zugrunde liegen.

3.5 Gefahren und Kontraindikationen

3.5.1 Gefahren

Allgemein werden die Gefahren der Hypnose sehr kontrovers diskutiert.
Durch Hypnose können durchaus psychische, als auch körperliche Probleme ausgelöst werden. Meist liegt dies jedoch an der mangelnden Professionalität des Hypnotiseurs.
Suggestionen können auch bei Menschen, welche Psychopharmaka zu sich nehmen oder unter Drogen (Alkohol, Cannabis, Heroin, Kokain u.a.) stehen negative Wirkungen auslösen.
In der Regel sollten solche Personen nicht hypnotisiert werden, da die Reaktionen unberechenbar sind.

Suggestionen und Suggestionstest, sollten keine Aufforderungen wie folgt enthalten:
„Sie werden keine Kopfschmerzen haben, ... keine Schmerzen, keine etc. ...".
Dadurch wird eine Erwartungshaltung erzeugt, diese Effekte zu suchen oder zu produzieren.

„Sie sind leicht und schweben ..."
„Sie befinden sich nun auf diesem schönen Berg"
„Sie durchschwimmen diesen klaren Quell"

Menschen mit Höhenangst können auf dem Berg oder beim schweben, Panik bekommen !
Nichtschwimmer haben Angst vor dem Ertrinken und können in einer schwimmenden Situation ebenfalls Panik bekommen.

! OBERSTES GEBOT !

Sprechen Sie mit Ihren Klienten vorher durch, ob es Probleme mit Höhe, Wasser, Tiere etc. gibt, denn jedes vermiedene Problem hilft dem Klienten und sichert den Erfolg der Hypnose.

3.5.2 Kontraindikationen

Es ist WICHTIG die nachfolgend aufgeführten Punkte zu beachten, da Hypnose für solche Klienten kontraindiziert ist.

- Aktive Suchtkrankheiten
- Hypochondrie
- Realitätsflucht
- Wahn - / Zwangskrankheiten
- Schizophrenie
- Psychosen
- Schwere Depression mit Gabe von Antidepressiva
- Borderline (theoretisch alle Persönlichkeitsstörungen)
- Erworbene Demenz oder angeborene Intelligenzminderung (Oligophrenie)
- Sekundärer Krankheitsgewinn wirkt kontraindizierend.
- Jegliche Anfallserkrankungen, wie Asthma oder Epilepsie
- STARKE Herz.- oder Kreislaufprobleme
- Wenn eine generelle negative Einstellung gegenüber Hypnose gegeben ist
- Ethische und religiöse Aspekte

Anhand dieser langen Liste wird deutlich wie wichtig ein ausführliches Vorgespräch (Anamnese) auch vor einer Hypnosesitzung ist. (auf die Anamnese kommen wir später noch detailliert zu sprechen).

3.6 Zeichen einer Trance

Eine häufig gestellte Frage: Bin, oder war ich in Trance?
Und auch Sie werden sich immer wieder die Frage stellen:
Ist mein Klient in Trance, in ausreichender Trance?
Keine Angst, es gibt sichere Anzeichen, für den Klienten und für den Hypnotiseur. Um dies zu Erkennen, bedarf es nur nachfolgende Zeichen zu beachten.

3.6.1 Zeichen während der Sitzung

- Entspannung
    - o erkennbar an ruhiger, gleichmäßiger Atmung.
    - o verlangsamter Pulsschlag, bei vielen Klienten erkennbar am langsamen pochen der Halsschlagader
    - o Gesichtsmuskulatur, wirkt wie im tiefen Schlaf
    - o Schnarchen (Achtung, kann bei manschen Klienten Übergang zum Schlaf sein)
- Magengluckern
- Gerötete Flecken, meist an Wangen und am Hals
- Masken Gesicht - Blässe
- Ideomotorische (unwillkürliche) Signale, meist zucken von Extremitäten
- Fehlender Schluckreflex
- Ununterbrochener Schluckreflex
- Tränenfluss, manche Klienten neigen dazu einen vermehrten Tränenfluss zu erzeugen. Achtung, nicht weinen!
- Augenflimmern (Rapid Eye Movement - REM = bekannt aus der Traumforschung)
- Augenflackern
- Augenliedflackern

3.6.2 Zeichen nach der Ausleitung

- Klienten fühlen sich FRISCH, ENTSPANNT und AUSGERUHT
- Klienten fühlen sich MÜDE und KRAFTLOS. Hier sollte dann darauf geachtet werden, ob sich dies nach kurzer Zeit ändert, ansonsten nochmalige Einleitung und erneute Ausleitung.
- Zeitgefühl – In der Regel ist das Gefühl der Sitzungsdauer des Klienten sehr viel kürzer als in der Realität.
- Körpergefühl – Oftmals erleben Klienten Ihren Körper verändert. Zerfließen der Füße, Arme, Hände. Übergroße Extremitäten. Unförmigkeit.
- Amnesien - Retrograd / Kongrade / Anterograd
- Mydriasis – Pupillen sind unmittelbar nach der Sitzung noch geweitet.

Bitte achten Sie darauf, dass kein Klient Ihre Praxis verlässt, welcher noch irgendwelche Anzeichen einer Trance zeigt.
Prüfen Sie nach der Sitzung die Orientierung (alle Qualitäten) und die Wachheit.

In der Regel empfinden Klienten eine Hypnosesitzung als angenehm, erholsam und viele sind erstaunt über die erzielten Erfolge.
Dennoch werden die meisten auf die Frage nach dem Tranceempfinden dazu neigen eher nicht in dieser gewesen zu sein, oder nicht tief genug. Das liegt nicht zuletzt daran, dass die Erwartungen extrem hoch oder einfach Falsch waren.
Wenn man nichts mehr mitbekommt ist man in einen tiefen Schlaf gefallen, oder BEWUSSTLOS, aber genau dies ist was wir nicht wollen, was wir nicht anstreben, was wir nicht benötigen,

was unsere Sitzung SINNLOS macht.
Klar bekommt man ALLES mit, klar hätte man jede Zeit aufstehen können, klar hätte man ... aber warum hat man es dann nicht getan, warum liegt oder sitzt man dann da einfach diese lange Zeit herum ... weil da eben die Trance ist.

Bitte denken Sie immer daran, Ihren Klienten die von Ihnen festgestellten Anzeichen der Trance zu berichten, denn die Sitzung ist letztendlich noch Erfolgreicher, wenn das Gefühl „Ja, ich war in Trance" mitgegeben werden kann.
Bei jeder Sitzung ist Trance vorhanden! Die Frage ist nur, welche Trancetiefe? Und die Zweifler, die wird es immer geben.
Es ist so einfach zu erkennen, dass z.B. eine falsche Zeitwahrnehmung ein klares Indiz von Trance ist. Magengluckern, ideomotorische Signale ... so ruhig, ohne Schlucken ... da war wohl doch was ...

„Das Gefühl in Trance gewesen zu sein,
STEIGERT den ERFOLG der Sitzung!"
Also geben Sie dies Ihrem Klienten mit.

4. Bewusstsein - Unterbewusstsein

Bewusstsein ist das Wissen um die eigene Person, das Wissen um die eigenen geistigen und seelischen Zustände.
Die Intaktheit perzeptiver (Wahrnehmung) und kognitiver (Bezeichnung für den Komplex von Denken, Erkennen, Erinnern) Fähigkeiten. Diese selbstbewusst, zusammenhängend und realitätsorientiert zu erleben.
Voraussetzung ist die Vigilanz.

Bewusstes, Vorbewusstes und Unbewusstes

Freud unterschied auf der Grundlage seiner Erfahrungen, welche er mit seinen Patienten machte, drei psychische Bereiche der menschlichen Seele:

Das **Bewusste:** Wir können auf die verschiedenen Inhalte nach Belieben zugreifen diese in den Fokus der Aufmerksamkeit rücken oder beiseite legen.

Das **Vorbewusste:** Hier handelt es sich um seelische Inhalte, auf die das Bewusstsein nicht sofort zugreifen kann, die jedoch durch Suchen nach Zusammenhängen auftauchen oder einem „einfallen" (einer Person die man trifft, wird ein Name zugeordnet). Diese Inhalte sind relativ leicht zugängliche Gedächtnisinhalte.

Das **Unbewusste:** Hierauf haben wir keinen direkten Zugriff, trotz willentlicher Anstrengung kann ein seelischer Inhalt nicht direkt bewusst gemacht werden. Diese tiefenpsychologische Ebene können wir in der Regel nur durch psycho-analytische

Verfahren oder in **Hypnose** erreichen.

Es ist erstaunlich, wenn man bedenkt das unser Wachbewusstsein, also das was wir allgemeinhin als Bewusstsein bezeichnen nur 5 % unseres Handelns steuert.

95 % übernimmt das **Unterbewusstsein.**

Viele unserer lebensnotwendigen Funktionen laufen gänzlich unbewusst ab. So denken wir z.B. weder über unsere Blutzirkulation noch über unsere Verdauung nach. Das funktioniert wie von allein. Aber auch in unserer Psyche befinden sich einige Bereiche in den Tiefen des Unbewussten.

In Hypnose können wir nun das Unterbewusstsein direkt ansprechen und durch gezielte Suggestionen Einfluss auf das zukünftige Handeln und Verhalten nehmen. Dies erfordert ALL unsere Disziplin und Moral. Wir sollten uns immer darüber BEWUSST sein, was uns hier für Möglichkeiten gegeben sind. Es ist durchaus richtig, das kein Mensch gegen seinen Willen und gegen seine Grundüberzeugung handeln würde, aber dennoch gibt es durchaus grenzwertige Möglichkeiten und Ergebnisse.

5. Aufbau einer Hypnosesitzung

Im folgenden Kapitel behandeln wir den Aufbau (mehr theoretisch und administrativ) einer Hypnosesitzung / Hypnotherapie.

... mehr und mehr ... nähern wir uns jedoch auch der praktischen Arbeit ... der Hypnose.

5.1 Terminbestätigung

In der Regel, kommt vor einer Sitzung die Anfrage des Klienten. Wann immer möglich sollten Sie eine schriftliche Terminbestätigung erstellen (Mail, Fax, Brief). Nachfolgend ein Muster.

Sehr geehrte/r Herr/ Frau XXXX,

hiermit bestätige ich Ihnen wie telefonisch vereinbart Ihren Hypnosetermin am :
Xtag den 00.00.0000 um 00.00 Uhr in meiner Hypnosepraxis

Um die Ruhe der Sitzungen mit den Klienten zu gewährleisten, weise ich darauf hin, dass es vorkommen kann, dass die Eingangstür der Praxis verschlossen ist oder die Klingel abgestellt ist, wenn Sie früher (mehr als 1/2 Stunde) zu Ihrem Termin bei mir erscheinen.
Sie werden dann pünktlich zu Ihrem Termin von mir abgeholt. Hierfür bitte ich um Verständnis.

Meine Leistungen sind in BAR zu entrichten. (?)

Ihr Hypnosetermin ist ein wichtiger Termin für Ihre Zukunft.
Bitte kommen Sie am Tag der Sitzung ausgeruht.
Auch sollten Sie nach dem Termin bei mir, für den restlichen Tag nicht mehr übermäßig anstrengende, oder stark Konzentration erfordernde Tätigkeiten ausüben oder nachgehen.

Ich möchte Sie bitten, pünktlich zu Ihrem Termin zu erscheinen, da bei Verspätungen von mehr als 20 min. der Termin nicht mehr durchgeführt werden kann, um die darauf folgenden Termine meinerseits pünktlich gewährleisten zu können.
Ich bitte hierfür um Verständnis.

<u>Aus rechtlichen Gründen möchte ich Sie bitten folgenden Hinweis zur Kenntnis zu nehmen:</u>
Für meine Leistungen gebe ich keine Garantie, da es immer auf das Mitwirken und den Willen eines jeden einzelnen ankommt.
Terminabsagen richten Sie bitte spätestens 24 Stunden vor Ihrem Termin an mich.

Bitte beachten Sie, dass ich Ihren Termin mit xx,00 EUR berechnen müsste, wenn dieser nicht 24 Stunden vorher abgesagt wird.

Ich freue mich auf den Termin mit Ihnen
Mit freundlichem Gruß

Weitere Hinweise zum Termin :

Damit WIR Ihren Termin so wirkungsvoll wie nur möglich gestalten können, bitte ich Sie, sich etwas Zeit zu nehmen und mir folgende Fragen kurz zu beantworten.

(Wenn möglich vorab an mich weiterzuleiten **Mail**, Fax, Brief)

- Name:
- Anschrift:
- Telefonnummer:
- Geburtsdatum:

- Was ist Ihr Hauptgrund für Ihren Hypnosetermin:

- Sie können Ihren Hauptgrund hier näher beschreiben:

- Bitte beschreiben Sie die wichtigsten Veränderungen die Sie mit Ihrem Termin bei mir erreichen möchten.

Erkrankungen:

Epilepsie, Anfallserkrankungen, Abhängigkeit von Medikamenten, Alkohol oder Drogen, erhebliche Kreislaufprobleme, extrem niedriger Blutdruck, Schizophrenie, Depression.
Falls eine dieser Erkrankungen zutrifft, bitte beschreiben Sie diese etwas näher:

5.2 Anamnese

Vorgespräch, ein gutes Vorgespräch ist die halbe Hypnose! Denken Sie Bitte immer daran, je mehr Sie wissen, desto besser ist Ihre Hypnotherapie. Gewöhnen Sie sich erst gar nicht an Stangenhypnose anzubieten. Wichtig ist, Vertrauen Hypnotiseur / Klient aufbauen. Lokalisierung des Problems und eine Zieldefinierung.

Für Ärzte und Heilpraktiker ist das Anamnesegespräch der Anfang einer Therapeut / Klient Beziehung, für Lebensberater und Coachs wird dies oft nicht in dieser Form behandelt.
Meine Empfehlung ist vor jeder Hypnose Sitzung eine Anamneseerhebung durchzuführen.

Ein Beispiel eines Anamnesebogens finden Sie nachfolgend.

Hypnosesitzung / Anamnesebogen & Dienstvertrag
(gem. § 611 BGB (kein Werkvertrag))

Name	Telefon
Vorname	Mobil
Straße & Hausnummer	Telefax
PLZ Wohnort	E:Mail
Geburtsdatum	

Wurden Sie schon einmal hypnotherapeutisch behandelt ?
Wenn ja mit welchen Erfahrungen :
Welche Einleitungsart wurde verwendet?:
Beherrschen Sie Entspannungstechniken wie z. B. Yoga, Meditation, Autogenes Training o. Ähnliches?:
Grund der Hypnotherapie:
Welche Ziele sollen mit der Hypnotherapie erreicht werden?
Leiden Sie wissentlich an folgenden Erkrankungen? Schizophrenie, Epilepsie, Psychosen, Demenz, Herz- und Kreislauferkrankungen, extrem niedrigem Blutdruck, Medikamenten-, Drogen- oder Alkoholabhängigkeit. Wenn ja an welcher:
Sofern Sie sich in psychotherapeutischer oder psychiatrischer Behandlung befinden, ist eine Hypnosesitzung nur mit Rücksprache Ihres Therapeuten / Psychiaters möglich.
Hiermit entbinde ich den Therapeuten von der Schweigepflicht gegenüber dem Hausarzt oder anderen behandelnden Ärzten *(dieser Punkt kann vom Patienten gestrichen werden)*
(nur für Hypnotiseure ohne Heilerlaubnis) Ich weiße darauf hin, dass von mir als Hypnotherapeuten zu keiner Zeit eine medizinische oder naturheilkundliche Diagnose oder Behandlung durchgeführt wird. Es erfolgt zu keiner Zeit

eine gewerbliche Ausübung der Heilkunde. Eine Hypnotherapie ersetzt keine Behandlung bei einem Arzt oder Heilpraktiker.

Für meine Leistungen gebe ich keine Garantie, da es immer auf das Mitwirken und den Willen eines jeden einzelnen ankommt.

Ich (Klient) erkläre mich mit den OBEN aufgeführten Vertragsbedingungen des Anamnesebogens voll und ganz einverstanden und bestätige gleichzeitig nicht in psychotherapeutischer oder psychiatrischer Behandlung zu sein.
Datum, Ort, Unterschrift :

Unterschrift Therapeut :

Wie Sie sehen können, ist dieser Bogen auch gleichzeitig ein Dienstvertrag, Bitte beachten Sie und weißen Sie darauf hin, das es kein Werksvertrag ist!

- Ein Dienstvertrag erbringt eine Leistung, welche nicht garantiert ist, also von anderen Faktoren abhängig sein kann, die Leistung aber Vergütet werden muss.

- Ein Werkvertrag verlangt die Leistung wie angegeben und kann im gegebenen Fall eine Rückforderung der Vergütung oder nicht Begleichung zur Folge haben.

Vergewissern Sie sich das der Klient nicht an den aufgeführten Krankheiten leidet.

Bei einer mittleren bis schweren Depression (bei zusätzlicher Gabe von Antidepressiva) sollte nur mit Rücksprache des behandelnden Therapeuten und dessen Zustimmung eine Hypnotherapie durchgeführt werden.
„Eine Hypnotherapie, also die Behandlung einer diagnostizierten Krankheit", ist generell den Therapeuten mit Heilerlaubnis vorbehalten.

Nochmals, erfragen Sie bereits beim Erstkontakt am Telefon so viel wie möglich.

Sicherlich kam Ihnen jetzt dieses Kapitel etwas weit weg vom eigentlichen Ziel, der Hypnosegrundausbildung vor, doch später werden Sie verstehen, das gerade diese Dinge die Arbeit erleichtern.

Doch nun genug der Administration, gehen wir es an.

5.3 Einleitung (Induktion)

Als Einleitung bezeichnet man die Induktion der Trance.
Wir beschäftigen uns in diesem Seminarheft mit der klassischen Methode und der antiautoritären Methode nach Milton Erickson. Für die Einleitung gibt es sehr viele Vorgehensweisen wie zum Beispiel Blitzeinleitungen (meist bei Showhypnosen), Fixations - Methoden (Finger, Punkt, Pendel etc.), Zähl - Methoden, Konfusion, oder einfach auch schöne hypnotische Geschichten.
In Kapitel 8 werden wir dann explizit zu den Einleitungen kommen.

5.4 Vertiefung

Unter Vertiefung (Fraktionierung) versteht man die Vertiefung und Festigung des Trancezustandes. Auch hierzu stehen dem Hypnotiseur / Hypnosetherapeut mehrere Methoden zur Verfügung (wobei die Fraktionierungstechnik Bestandteil von Modul 2 sein wird).

5.5 Wirktexte (Suggestionen)

Wirktexte, so genannte Suggestionen sind der eigentliche Schlüssel zum Erfolg einer Therapie, aber wie bereits beim Punkt Gefahren angesprochen, derjenige Teil bei dem man auch am meisten Geschick und Sorgfalt walten lassen sollte.
In Modul 1 werde ich Ihnen einige in der Anwendung geprüfte Wirktexte zur Verfügung stellen.
Eigene Wirktexte erstellen wird jedoch ein Bestandteil von Modul 2, da es sich um eine erweiterte Technik handelt, welche über die Grundausbildung Hypnose hinaus gehen würde.

5.6 Ausleitung (Deduktion)

Jede Hypnose sollte mit einer „Echten Ausleitung" abgeschlossen werden.
Diese kann klassisch durch Zählen, aber auch antiautoritär durchgeführt werden.
Ich empfehle jedoch immer die Ausleitung dem Stil der Einleitung anzugleichen.
Klassisch mit klassisch.
Antiautoritär mit antiautoritär.

5.7 Nachgespräch

Ausleiten und los werden ... genau das sollten Sie vermeiden. Zeigen Sie Ihrem Klienten, dass Sie ein Interesse an Ihm und seinem Anliegen haben.
Zudem ist es sehr hilfreich, denn der Lernfaktor eines Nachgespräches sollte niemals unterschätzt werden (für Sie und Ihren Klienten).
In einem Nachgespräch sollten auch eventuell weitere Maßnahmen besprochen werden und was sehr wichtig ist, es kann die Wachheit und Orientierung überprüft werden.

Merke:
Eine Hypnosesitzung besteht in der Regel aus:

Einleitung – Vertiefung – Wirktexte – Ausleitung

6. Techniken und Hilfsmittel

In dieser Rubrik werden wir uns mit der Stimme und mit dem Sprechen, sowie dem Rapport, posthypnotischem Befehl u.a. beschäftigen.

6.1 Stimme und Sprechtechnik

Die Stimme des Hypnotiseurs und die Sprachweise tragen sehr zum Erfolg einer Hypnosesitzung bei.
Eine angenehme Stimme und die falsche Sprachtechnik sind wenig hilfreich, ebenso eine krächzende Stimme mit der richtigen Sprachtechnik.
So gesehen ist unsere Stimme und deren Verwendung eines unserer wichtigsten Werkzeuge, denn nicht wie so oft angenommen sind es nur die Inhalte unserer Einleitungen, sondern die „Stimmigkeit" unserer Stimme in Verbindung mir der richtigen Sprechweise und den Inhalten.
Man sollte sehr viel Wert auf die Inhalte von Einleitungen legen, doch ein erfahrener Hypnotiseur bringt einen Klienten auch unter Verwendung einer Gebrauchsanleitung für ein Bügeleisen oder einem Telefonbuch in Trance.

Seriosität und Glaubwürdigkeit, ein authentisches Auftreten fördern die gute Basis einer erfolgreichen Arbeit.

Es gibt einige einfache aber sehr wirksame Ansatzpunkte.

- Einleitung, langsames, leises, ruhiges „monotones" Sprechen.

- Bei der Einleitung beim Ausatmen sprechen.

    o Dies ist nicht immer möglich oder es gelingt einem nicht immer, so sollte man zumindest bei der Einleitung Wörter wie „ tiefer und tiefer, mehr und mehr, Entspannter " ... während des Ausatmens sprechen.

- Bei der Einleitung in Richtung Bauch reden.

- Bei der Ausleitung in Richtung des Kopfes reden.

- Beim Satzende geht die Stimmlage nach:

    o OBEN, so stellt man eine Frage
    o BLEIBT MONOTON, so ist es eine Feststellung
    o UNTEN, so ist es ein Befehl

- Wirktexte / Suggestionen können durchaus lebhaft, bildhaft und betont gesprochen werden.

- Ausleitungen werden energischer, bestimmend und auch etwas lauter gesprochen.

- Zahlen werden bei Ein.- und Ausleiten deutlich gesprochen.

6.2 Rapport

Unter Rapport versteht man eine gemeinsame wechselseitige Beziehung zwischen Hypnotiseur und Klienten. Beim Rapport ist es außerordentlich hilfreich wenn eine vertrauensvolle und auf gegenseitige Sympathie aufbauende Basis besteht.
Der Rapport bezieht sich auf die verbale und nonverbale Kommunikation.
Es ist bekannt, dass es dominanten Menschen schwer fällt sich führen zu lassen und Anweisungen entgegen zu nehmen. So kann es durchaus sein, das ein Hypnotiseur all sein Können einsetzen muss um Personen aus dieser Gruppe in eine Trance versetzen zu können.
Hier zu sind folgende Vorgehensweisen sehr hilfreich.

- **Pacing:** Das „Angleichen" meint, das der Hypnotiseur versucht, Atmung, Körperhaltung und Sprache wenn möglich nahe die dem des Klienten anzugleichen. Hierdurch entsteht ein gewisser „Gleichklang" und der Klient fühlt sich geborgen, und gleitet dadurch schneller in eine entspannte Trance.

- **Spiegeln:** Oft Synonym verwendet für Pacing, man baut zu Anfang ein Spiegelbild des Klienten auf, dadurch entsteht beim Klienten ein Gefühl der "Sicherheit und der Kontrolle über die Situation".

- **Leading:** Nachdem ein guter Rapport besteht, kann der Hypnotiseur beginnen den Klienten zu führen, wenn festgestellt wird, das der Klient den Anweisungen mehr und mehr folgt hat der Hypnotiseur die Führung übernommen.

6.3 Rapportübergabe

Rapportübergabe kommt selten vor, kann aber durchaus erforderlich sein, wenn während einer Sitzung vom Hypnotiseur an einen anderen Hypnotiseur der Rapport weitergegeben werden soll (z.B. beim Zahnarzt um eine Behandlung durchzuführen, wenn vorher durch einen Hypnotherapeuten eine analgetische Hypnose eingeleitet wurde).

Nachfolgend zwei Beispieltexte, wobei gesagt werden muss, das es theoretisch einfach ist eine Übergabe und anschließend eine Rückgabe durchzuführen, doch letztendlich entscheidet hier das Talent der Hypnotiseure und der Klient.

Beispiel 1

Hypnotiseur 1

*... Du hörst meine Stimme,
und ab jetzt folgst Du nicht nur meiner Stimme,
sondern hörst auch auf die Stimme
von ... (Namen nennen, der Übergabepartner sollte vorher bekannt gemacht worden sein)
und wirst seinen / ihren Worten ebenso folgen,
wie meinen ...*

Hypnotiseur 2

*... tief Entspannt ...
Du hörst meine Stimme ...*

Beispiel 2

<u>*Hypnotiseur 1*</u>

*... tief entspannt,
Du hörst meine Stimme,
und diese Melodie ...
tiefer und tiefer ...
gehst Du in diesen Zustand,
dieser ...
wunderbaren Entspannung ...
gleich wirst Du auch die Stimme von
(Name) vernehmen
und folgst dieser Stimme und dieser Melodie.
Du fühlst Dich absolut wohl ...
und geborgen,
tiefer und tiefer ...
wird Dein Entspannungszustand
und folgst nun der Stimme
von (Namen sagen)*

<u>*Hypnotiseur 2*</u>

*... tief Entspannt,
Du hörst meine Stimme ...
du hörst diese Melodie ...*

Rapportrückgabe

Um den Rapport zurück zu geben geht man auf die gleiche Weise wie oben vor.
Sollte keine Rapportrückgabe stattfinden, muss der Hypnotiseur 2 eine Ausleitung sprechen.

Bitte achten Sie darauf, dass der Stil der Einleitung (antiautoritär oder klassisch) gewahrt wird und ALLE Körpersuggestionen zurückgenommen werden. (schwere Augen, Beine etc.)

6.4 Rapportverlust

In seltenen Fällen kann es auch zu einem Rapportverlust kommen. Dies kann verschiedene Ursachen haben.

- Fehlerhafte Suggestionen

    - Oftmals durch unerfahrene Hypnotiseure
    - Langweilige Suggestionen
    - Unbehagen oder Angst auslösende Suggestionen
    - Unangemessene Suggestionen

- Klient ist eingeschlafen
- Zu lange und oder unangemessene Pausen

Oberstes Gebot „RUHE BEWAHREN" !

Oftmals hilft schon eine kleine Pause, der Klienten merkt, dass etwas anders ist und wird im Normalfall darauf reagieren.
Sollte dies so sein, langsam und beruhigend Weitersprechen.

Es ist durchaus auch sinnvoll, den Klienten leicht zu berühren manche Hypnotiseure poltern auch mal kurz gegen die Liege/Stuhl um die Aufmerksamkeit wieder zu erlangen.
Weiter geht es dann auch hier mit ruhigem Sprechen.

Textbeispiel :

... Du bist tief entspannt und ruhig, Deine Konzentration folgt meiner Stimme und dieser Melodie ... es ist ganz in Ordnung, das Du ein paar Momente mit Dir selbst beschäftigt warst ... doch nun folgst Du wieder meiner Stimme und dieser Melodie.
Du spürst Deinen Atem, Du spürst Deinen Rücken auf der Liege/Stuhl und Du hörst meine Stimme und diese Melodie ... und mit jedem Atemzug spürst Du mehr und mehr diese Entspannung ... beim Einatmen Energie tanken und beim Ausatmen alles abgeben was Dich belastet ... tiefer und tiefer ...

Der Klienten kann auch direkt angesprochen werden ...

Textbeispiel :

... Du bist bisher meiner Stimme gefolgt, bist in diesem ausgeglichenen und harmonischen Zustand der Entspannung angelangt ... wenn Du mir weiterhin folgen kannst, dann gib mir einfach ein Zeichen (Beispiel und bewege den Daumen Deiner rechten Hand).

<u>Sollte der Klient gleich reagieren, dann:</u>

Gut so, nun folgst Du weiter meiner Stimme und dieser Melodie.

Sollte der Klient nicht reagieren, dann:

Es ist gut zu wissen, dass man in dieser tiefen Entspannung seine Finger bewegen kann ... darum, wenn Du mir weiter folgen kannst, bewege nun den Daumen Deiner Rechten Hand.

Wenn ja, dann bestätigen:

Gut so, nun folgst Du weiter meiner Stimme und dieser Melodie.

Sollte immer noch keine Reaktion folgen, dann BITTE wie oben beschrieben fortfahren (leichte Berührung etc.)

Der schlimmste Fall könnte sein, dass der Klient das Vertrauen in den Hypnotiseur verloren hat (falsche Aussagen, Beleidigungen etc.), dann besteht in der Regel keine Chance mehr einen Rapport aufzubauen. Hier empfiehlt es sich eine Ausleitung zu sprechen, abzuwarten bis der Klient wieder ins hier und jetzt gelangt ist und die Sitzung zu beenden.

Nicht TOLL doch immer mal wieder ... wenn der Klient FEST eingeschlafen ist. Schlafen lassen und weiter machen?
Eher nicht, ich finde dies dann unseriös und das Ganze gleicht dann eher einer Abzocke.
Etwas „rabiater" versuchen die Aufmerksamkeit des Klienten wieder zu erlangen... (also doch mal gegen die Liege/Stuhl poltern ...).

6.5 Trigger / Anker

Unter einem Trigger / Anker verstehen wir nüchtern betrachtet den vorher von uns gesetzten Auslöser eines Reizes, welcher dann ein bestimmtes Verhalten hervorruft.

Auslöser / Reiz - Verhalten (Reaktion) (das Prinzip der Konditionierung von Iwan Petrowitsch Pawlow (1849-1936))

Ein Trigger kann durch den Hypnotiseur gezielt eingesetzt werden und in Verbindung mit einem posthypnotischen Befehl Verwendung finden.

Es können alle 5 Sinne eingesetzt werden:

- Optische (Visuelle – Bilder etc.)
- Akustische (Auditive – Stimmen, Lieder etc.)
- Körperliche (Kinästhetische – Berührungen)
- Gerüche (Olfaktorische – Parfum, Gerüche etc.)
- Geschmackliche (Gustatorische – Geschmäcker)

Um einen Trigger zu setzen ist ein guter Rapport die Voraussetzung.
Der Hypnotiseur sollte KLARE und DEUTLICHE ANWEISUNGEN geben.

Es ist erforderlich, das der Klient die verwendeten Worte, sinnliche Darstellungen KENNT, ERKENNT und VERSTEHT!

Dies gilt übrigens generell, also klären Sie BITTE IMMER schon im Vorgespräch ab inwieweit Ihr Klient IHREM VERWENDETEN Wortschatz folgen kann und diesen versteht.

Wichtig ist, dass Trigger sich verfestigen müssen, also KONDITIONIEREN. Es ist erforderlich, dass eine Wiederholung und eine Prüfung des Triggers statt findet.
Auch der Klient sollte immer wieder eine Prüfung, nach ihren Anweisungen vornehmen.
Die Verankerungen können bis zu 2 Wochen benötigen um sich tief im Unterbewusstsein zu festigen.

Auch über die Jahre gefestigte positive sowie dysfunktionale Gedanken und Verhaltensweisen, werden oftmals durch bestimmte TRIGGER, hervorgerufen.

Beispiel :

Sie hören das Lied (TRIGGER-Reiz) bei welchem Sie zum ersten mal Ihre jetzige Frau in den Armen hielten ...
(Verhalten) Sie empfinden, Wärme, Freude, Liebe, Sinnlichkeit ...

So können natürlich unter therapeutischen Gesichtspunkten „alte TRIGGER" gesucht, gefunden und NEU.- oder UM.- Programmiert werden.

Prinzipiell, sollte hierfür eine therapeutische Ausbildung als Grundlage vorhanden sein.

Hilfreiche Dienste leisten uns auch Kenntnisse des sogenannten Hypnotalks, also der hypnotischen Sprachmuster.

(Modul 2 wird ausführlich auf dieses Thema eingehen).

6.6 posthypnotischer Befehl

Der posthypnotische Befehl ist eine wirkungsvolle Suggestion, welche später nach der Hypnosesitzung durch eine bestimmte Handlung, oder einen Reiz Ausgeführt wird, also postum die Wirksamkeit erfüllt. (Hier kommen unsere TRIGGER zum Einsatz)

Es gibt eine ganze Reihe von Möglichkeiten für posthypnotische Befehle.
Reize können durch verschiedene Auslöser bewirkt werden:
Sehen, Hören, Fühlen, Riechen, Schmecken.

Beispiele für klassische posthypnotische Befehle :

... und immer wenn Du das Gefühl von Hunger verspürst, verspürst Du gleichzeitig das Bedürfnis Wasser zu trinken und Dein Hungergefühl wird augenblicklich wieder verschwunden sein ...

... und immer wenn Du das Bedürfnis hast eine Zigarette zu rauchen, wirst Du gleichzeitig das starke Bedürfnis haben FRISCHE Luft einzuatmen und wirst mehrmals tief einatmen ...

... und wenn Du (z.B:) Deinen Zeigefinger und Daumen der rechten Hand zusammendrückst, wirst Du SOFORT wieder dieses Gefühl der Entspannung in Dir spüren ...

... und jedes positive Ereignis, welches Du erlebst, bestärkt Dich darin, das Dein neuer Glaubenssatz wirkt und Du bist jetzt schon viel selbstbewusster ...

Posthypnotische Befehle können auch in antiautoritärer Form gestaltet werden. Hierzu werden die Befehle in Metaphern / Stellvertretergeschichten eingebaut.

6.7 Suggestion

... die Kleider, die von dem Zeuge genäht wurden,
sollten die wunderbare Eigenschaft besitzen,
dass sie für jeden Menschen unsichtbar seien,
der nicht für sein Amt tauge,
oder der unverzeihlich dumm sei.

Hans Christian Anders
Des Kaisers neue Kleider

Die Suggestion begleitet jede Hypnosesitzung, ich würde sie als Kernstück, als Herzstück der Hypnose bezeichnen.
Im Rahmen von Modul 1 beschränken wir uns auf die Erklärung des Begriffes und einfache Anwendungen.
Im posthypnotischen Befehl haben wir schon eine Möglichkeit vorgestellt.
Suggestionen in Wirktexte einbinden und verwenden ist Handwerkszeug eines fortgeschrittenen Hypnotiseurs und tragender Bestandteil von Modul 2.

Die Fähigkeit Suggestionen zu geben oder zu empfangen, oder auf sie zu reagieren ist für uns Menschen vollkommen normal.
Der Eine mehr, der Andere weniger.
Die suggestive Beeinflussbarkeit, gehört zur psychologischen Ausstattung von uns Menschen und ist in unserem Charakter als soziales und denkendes Wesen begründet.
Fehlende Suggestibilität ist keine Stärke, sondern ist ein Zeichen für pathologische Persönlichkeitsveränderungen, wie man sie

meist bei Psychosen beobachten kann.

Weder ist die Fähigkeit erfolgreich zu suggerieren und zu hypnotisieren ein Beweis für einen starken Willen, noch ist die Suggestibilität ein Indiz für Willensschwäche.

So ist es auch ganz eindeutig, das Wachsuggestionen und Hypnose unabhängig vom Willen sind.

6.7.1 Bedeutung

Der Begriff Suggestion wurde im 17./ 18. Jahrhundert eingeführt und bezeichnet die manipulative Beeinflussung einer Vorstellung oder Empfindung mit der Folge, dass die Manipulation nicht wahrgenommen wird oder zumindest zeitweise für das Bewusstsein nicht abrufbereit ist.

Etymologisch ist der Begriff zurückführbar auf das lateinische Substantiv *suggestionis*, was so viel bedeutet wie *Hinzufügung*, *Eingebung* oder *Einflüsterung*, oder auf das lateinische Verb *suggerĕre*, *zuführen*, *unterschieben*.

Die Psychologie versteht unter Suggestion eine Beeinflussungsform von Fühlen, Denken und Handeln.

Der Begriff in Verbindung mit Hypnose wurde erstmals von James Braid verwendet

(* 1795; † 25. März 1860 schottischer Augenchirurg, der in Manchester praktizierte).

Ein bekannter Spruch von ihm :

> *Wenn nichts mehr hilft, hilf Hypnose.*

Es wird unterschieden zwischen:

- Autosuggestion   Beeinflussung durch sich selbst.
- Heterosuggestion   Beeinflussung durch andere.

In der Hypnose stellen Suggestionen unmittelbar wirkende Eingebungen durch den Hypnotisierenden dar.
Posthypnotische Suggestionen wirken hingegen erst nach der Hypnose, meist auf einen vorher festgelegten Hinweisreiz (z. B. ein Wort oder eine Geste).

6.7.2. Wichtige Grundregeln

Suggestionen sollten in der Anwendung immer ethischen und moralischen Grundsätzen unterliegen und vom Hypnotiseur in verantwortungsvoller Art und Weise eingesetzt werden.

- Niemand kann gegen seinen Willen hypnotisiert werden.
    (hierzu später mehr)

- Allgemein wird gesagt, das sich Suggestionen welche nicht Bildhaft unterlegt wurden ins Gegenteil wandeln können.

- Bildhaft unterlegte Suggestionen, verwirklichen sich wesentlich deutlicher.

- Wenn bei Suggestionen sich GLAUBE und WILLE entgegenstehen, verwirklicht sich in der Regel der GLAUBE.

7. Suggestibilitätstests

Es ist empfehlenswert vor der eigentlichen Hypnosesitzung die Suggestibilität des Klienten festzustellen. Hierzu stehen eine Reihe von Tests zur Verfügung, von einfachen Fragebögen über hypnotische Testverfahren, welche im Anschluss auszugsweise vorgestellt werden.

7.1 Formular Suggestibilitätstest

Die Fragen sollten zügig beantwortet werden, zu viel Nachdenken könnte das Ergebnis beeinflussen.

Nr.	Aussage	Ja	Nein
1	Sie brauchen immer jemanden um sich, mit dem Sie sprechen können, weil Sie sich allein leer und verloren vorkämen.		
2	Wahrnehmungen oder Vorstellungen angenehmer Erlebnisse können bei Ihnen ein angenehmes, wohliges, fröstelndes Gefühl hervorrufen.		
3	Ihnen ist es möglich mit Schäfchenzählen in den Schlaf zu kommen.		
4	Sie werden in einer Diskussion leicht unsicher, wenn die Mehrheit der Teilnehmer einen anderen Standpunkt vertritt als Sie		
5	Die Initiative und auch Entscheidungen überlassen Sie gerne anderen.		
6	Ebenso schnell, wie Sie sich für eine Sache begeistern können, verlieren Sie wieder das Interesse daran.		
7	Sie sind durch forsches zielstrebiges Auftreten zu beeindrucken		
8	Sie erwarten jeden Augenblick Besuch und laufen mehrmals zur Tür, weil Sie glauben, Schritte gehört zu haben.		
9	Sie steigern sich manchmal so stark in Ihre Gedankenwelt, dass Sie das geschehen in Ihrer Umgebung nicht mehr wahrnehmen.		
10	Selbst wenn Sie in einer Stresssituation sind, oder in kurzer Zeit eine Arbeit erledigen müssen, Ertappen Sie Sich beim Lauschen wenn in der Nähe eine Unterhaltung stattfindet.		
11	Es fällt Ihnen schwer, NEIN zu sagen		

12	Sie müssen jeden Gegenstand, den Sie betrachten wollen, auch berühren oder in die Hand nehmen		
13	Sie bemerken manchmal, dass Sie einem Gesprächspartner fasziniert zuhören, ohne auf das Gesagte zu achten.		
14	Stellen Sie sich folgende Situation vor: Sie stehen bei Rot vor einer Ampel. Im Rückspiegel Ihres Autos sehen Sie ein anderes Auto mit hoher Geschwindigkeit herankommen. Unwillkürlich starten Sie bei Rot		
15	Schilderungen anderer können Sie sich lebhaft vorstellen		
16	Sie können sich auch dann, wenn Sie aufgeregt sind, zur Ruhe zwingen		
17	Sie sehen in der Zeitung das Bild eines gesuchten Verbrechers und glauben, in allen möglichen Personen den Verbrecher zu erkennen		
18	Sie kennen einen Menschen, der Sie so begeistert, dass Sie ihm unbesehen alles abnehmen		
19	Beherrschen Sie autogenes Training, Mediation, Yoga.		
20	Sie machen bei einem spannenden Krimi oder Western manche Bewegungen Ihres Helden unwillkürlich mit		
21	Sie können schon auf Grund des Titels oder des Verfassers die Qualität eines Werkes beurteilen		
	Auswertung: So oft haben Sie mit JA geantwortet (Summe):		

Die Antwort der JA-Antworten beträgt:
0 bis 7: Der Befragte nimmt direkte (autoritäre) Suggestionen sehr schwer an
8 bis 13: Der Befragte nimmt direkte (autoritäre) Suggestionen durchschnittlich gut an
14 +: Der Befragte nimmt direkte (autoritäre) Suggestionen sehr gut an

Dieser Test lehnt sich an den Test der PAGO Studiengruppe München an.

7.2 Händefalttest (1)

Die Versuchsperson sollte sitzen und erhält folgenden Befehl :

Bitte falten Sie Ihre Hände ineinander, so dass die Finger ganz ineinander verzahnt sind.
Heben Sie die Arme, drehen die Hände herum, so dass die Handrücken über dem Kopf sind.
Drücken Sie nun die Handrücken fest auf den Kopf, so fest, dass Sie es deutlich spüren, es aber noch angenehm ist.
Stellen Sie sich nun vor, Ihre Hände sind fest miteinander verklebt, wie mit Leim bestrichen, miteinander verklebt ...
Während Sie die Hände merklich nach unten auf Ihren Kopf drücken, spüren Sie deutlich, dass Ihre Hände miteinander verklebt sind. Sie sind so fest verklebt, dass Sie diese nicht voneinander lösen können. Sie drücken fest nach unten und ziehen an den verklebten Händen, die fest miteinander verbunden bleiben.

(Lassen Sie nun den Klienten versuchen die Hände zu lösen)

Versuchen Sie es doch einmal die Hände zu lösen, was nicht gehen wird.

Aufhebung:

Die Hände gehen nach oben, sind wieder locker, der Druck lässt nach und Sie können die Hände ganz leicht voneinander lösen, die Arme nach unten nehmen und die Hände wieder frei bewegen.

Erklärung des Phänomens:

Die stark ineinander gefalteten Finger sind verhakt, verzahnt und bei gleichzeitigem Druck nach unten wird diese Verhakung zwischen den Fingerknöcheln vergrößert, die Finger pressen sich dabei gleichzeitig zusammen. Es handelt sich hier also um einen mechanischen Effekt, den die Versuchsperson durch ihre Kooperation bewirkt. Die bildhafte Beschreibung des Verklebens lässt den Eindruck einer Suggestion entstehen.

7.2.1 Händefaltetest (2)

Text

Falte bitte Deine Hände, wie zu einem Gebet. Du kannst auf die Hände blicken, Du kannst aber auch die Augen schließen.
Wenn Du jetzt Deine Aufmerksamkeit auf Deine Hände richtest, kannst Du eine Veränderung spüren.
Vielleicht ein Kribbeln, vielleicht das Zucken eines Muskels,
oder Du spürst die Aktivität von Muskelpartien.
Und während Du nun auf Deine Hände achtest, kannst Du eine Veränderung spüren.
Diese Empfindungen werden immer deutlicher und deutlicher ...
Du kannst jetzt erkennen, dass die Empfindungen ganz klar werden.
Vielleicht spürst Du jetzt, wie die Finger aneinander kleben ... die Finger ... die Handflächen ... als wären sie mit Leim bestrichen.
Und Du spürst nun dass die Finger, die Handflächen, immer mehr aneinander kleben, so als würden starke magnetische Kräfte sie zusammenziehen.

Und die Empfindungen werden immer stärker und immer stärker. Und nun spürst Du auch ganz deutlich, wie die Grenzen zwischen den Fingern ... und den Handflächen verschwimmen. Wie sich die Empfindungen der Hände als zwei getrennte Werkzeuge Deines Körpers auflösen ... wie die Finger und die Hände ineinander übergehen und ein einziges Organ bilden ...
Ein Organ durch das Leben pulsiert.
Und Du kannst Dir nun erlauben zu fühlen ...
Wie die Finger ...
Wie die Hände ...
Ineinander verschmolzen sind ...
Eine Einheit bilden.
Miteinander verschmolzen sind.
Und Du kannst nun versuchen die Hände voneinander zu lösen, und je mehr Du es versuchst, desto stärker wird die Empfindung ihrer unauflöslichen Einheit.
... und Du spürst jetzt ganz deutlich wie die Einheit, immer stärker, immer ausgeprägter wird ... ist.
Versuche sie so voneinander zu lösen, und Du wirst sehen wie dieser Strom, der durch die Hände fließt immer stärker und stärker wird und sie immer mehr und mehr aneinander bindet.

... Und jetzt spürst Du wie dieser Strom sich auflöst, wie die Empfindungen sich wieder verändern.
Immer mehr die Empfindung der Grenzen, zwischen den Fingern und den Handflächen zurückkehrt.
Bis Du wieder ganz deutlich spürst, dass Deine Hände zwei verschiedene Organe sind.
Und jetzt kannst Du sie wieder voneinander lösen und sie sind ganz normal angenehm warm, und Du fühlst Dich wieder vollkommen normal.

7.2.2 Händefalttest (3)

Dieser Händefalttest wird unter anderem in der Showhypnose eingesetzt. Er ist jedoch auch sehr hilfreich für die alltägliche praktische Arbeit mit Klienten. Dieser einfache Test erlaubt es Ihnen als Therapeut schnell und einfach festzustellen, wie ein Klient auf direkte Suggestionen reagiert. Sie können so innerhalb kürzester Zeit die Suggestibilität des Klienten besser einstufen.
Ziel dieses Tests ist es, das Unterbewusstsein des Klienten mit direkten Suggestionen von der Vorstellung zu überzeugen, dass sich nach diesem Test die Hände des Klienten nicht mehr öffnen lassen. Das Ergebnis kann in drei Kategorien eingegliedert und gedeutet werden.

1. Der Klient kann nach den Suggestionen seine Hände tatsächlich nicht mehr öffnen.
Direkte Suggestionen werden sehr gut aufgenommen, der Klient ist hoch suggestibel eine Hypnotherapie in Form direkten Suggestionen ist mit größter Wahrscheinlichkeit erfolgreich.

2. Der Klient kann nach den Suggestionen seine Hände schwer öffnen.
Direkte Suggestionen werden bedingt vom Unterbewusstsein des Klienten angenommen.
Die Hypnotherapie in der direkten gesprochenen Form wird nach der ersten Behandlung voraussichtlich mittelmäßigen Erfolg bringen. Es ist sinnvoll, den Klienten in einer Folgesitzung zu behandeln oder indirekte Suggestionen anzuwenden.

3. Dem Klienten fällt es nach den gesprochenen Suggestionen völlig leicht seine Hände zu öffnen.
Direkte Suggestionen werden sehr schwer angenommen. Dies ist kein Ausschlusskriterium für eine Hypnosetherapie im klassischen Sinne. Es erfordert jedoch einiges an Einfühlungsvermögen und Flexibilität des Therapeuten im Umgang mit diesem Klienten. Suggestionen nur in indirekter / antiautoritärer Form.

Es ist davon auszugehen, dass dieser Test bei ca. 20 - 30 % der Klienten überhaupt keine Wirkung zeigt. Mit der Zeit bekommen Sie als Hypnotiseur einen „Blick" für die Suggestibilität eines Klienten. (Der Show Hypnotiseur kann hier recht schnell feststellen, wer auf der Bühne seinen Vorgaben LEICHT folgen wird).

Text Händefalttest

Der Test kann schnell und bestimmt aber auch langsam und einfühlsam gesprochen werden.
In jedem Fall ist es wichtig, den Text überzeugend vorzutragen. Je bildhafter und authentischer Suggestionen gegeben werden, desto besser werden diese vom Unterbewusstsein angenommen.
Der Klient sitzt Ihnen gegenüber, er wird gebeten die Hände wie zu einem Gebet zu falten und sich mit seinem Blick auf die verschränkten Finger und Ihre Stimme zu konzentrieren.

Du sitzt bequem und konzentrierst Dich nur noch auf Deine verschränken Finger die Du wie zu einem Gebet gefaltet hast. Du konzentrierst Dich nur auf deine Finger und wirst gleich feststellen, dass diese sich immer fester schließen immer fester und fester schließen sich Deine Finger und es wird Dir gleich nicht

mehr möglich sein deine Finger zu öffnen.
Ich zähle gleich bis 6 und bei der Zahl 6 angekommen wird es Dir nicht mehr möglich sein Deine Hände zu öffnen. Diese sind dann völlig steif geworden und kleben fest aneinander, je mehr Du versuchst Deine Finger zu öffnen desto fester werden diese sich schließen und es wird Dir unmöglich sein Deine Hände zu öffnen, bis ich Dir wieder sage, dass Du deine Hände öffnen kannst. Bei der Zahl 6 angekommen wird es Dir nicht mehr möglich sein Deine Hände zu öffnen und ich beginne nun von 1 bis 6 zu zählen und bei jeder Zahl werden Deine Finger steifer und steifer und deine Hände kleben immer mehr aneinander fest.

1 Deine Daumen werden immer steifer und steifer, völlig steif werden Deine Daumen immer steifer und steifer, völlig steif. Völlig steif sind Deine Daumen und es ist Dir nicht mehr möglich Deine Daumen zu öffnen. Völlig steif sind Deine Daumen und es ist Dir nicht mehr möglich Deine Daumen zu öffnen.

2 Deine Zeigefinger werden nun völlig steif immer steifer und steifer werden Deine Zeigefinger und es wird Dir gleich nicht mehr möglich sein Deine Zeigefinger zu öffnen. Mit jedem Wort das ich Dir sage werden Deine Finger steifer und steifer und bei 6 angekommen wird es Dir nicht mehr möglich sein Deine Finger zu öffnen. Deine Zeigefinger sind völlig steif und kleben aneinander fest es ist Dir unmöglich deine Zeigefinger zu öffnen.

3 immer steifer und steifer werden nun auch Deine Mittelfinger steifer und steifer. Deine Mittelfinger kleben immer mehr und mehr aneinander fest immer steifer und steifer und es ist Dir nicht mehr möglich deine Mittelfinger zu öffnen.

4 mit jedem Wort das ich sage werden Deine Finger immer steifer und steifer und es wird Dir bei der Zahl 6 angekommen nicht mehr möglich sein Deine Hände zu öffnen mit jedem Wort das ich Dir sage kleben Deine Hände immer mehr aneinander fest und Deine Finger werden immer steifer und steifer völlig steif werden nun auch Deine Ringfinger immer steifer und steifer werden Deine Ringfinger. Völlig steif sind Deine Ringfinger geworden und es ist Dir nicht mehr möglich Deine Ringfinger zu öffnen.

5 Deine kleinen Finger sind auch völlig steif geworden und es ist Dir nicht mehr möglich Deine kleinen Finger zu öffnen. Völlig steif sind Deine kleinen Finger und es gelingt Dir nicht mehr Deine kleinen Finger zu öffnen.

6 Deine Finger sind nun alle völlig steif geworden und Deine Hände kleben aneinander fest.
Erst wenn ich zu Dir sage **„öffne Deine Hände"** wird es Dir möglich sein Deine Hände zu öffnen. Je mehr Du nun versucht Deine Hände zu öffnen, desto weniger wird es Dir gelingen.
Versuchst Du nun Deine Hände zu öffnen, stellst Du fest, dass es Dir nicht gelingen wird.
Erst wenn ich Dir sage „öffne deine Hände" kannst Du ganz leicht wieder Deine Hände öffnen.

<u>Versuche nun Deine Hände zu öffnen</u> und stelle fest, dass es dir nicht gelingt denn je mehr du versucht deine Hände zu öffnen desto mehr kleben diese aneinander fest.
Versuche nun Deine Hände zu öffnen ….

(In der Regel kann nun der Klient die Hände nicht mehr öffnen).

Auflösung:

„Öffne Deine Hände".

Öffne Deine Hände,
es ist Dir nun völlig leicht Deine Hände zu öffnen.
Alle Steifheit ist aus Deinen Fingern verschwunden und es fällt Dir völlig leicht Deine Hände zu öffnen.
Deine Finger sind wieder vollkommen locker und es fällt Dir völlig leicht Deine Finger zu öffnen ...

Hinweis: Sollte es Ihrem Klienten nach den Suggestionen immer noch nicht möglich sein die Hände zu öffnen, können Sie auch die Hände des Klienten berühren und ihn nochmals bitten sich auf Ihre Stimme zu konzentrieren und mit jedem Wort das Sie sagen, werden die Finger immer lockerer und lockerer und es fällt ihm immer leichter und leichter die Finger zu bewegen.

7.2.3 Schwere Hand Test

Der Klient wird gebeten beide Arme parallel zu einander mit den Handflächen nach unten, vor sich aus zu strecken und die Augen zu schließen.
Nun wird er gebeten eine Handfläche nach oben zu drehen und dabei die Augen geschlossen zu halten. Es werden bildhafte Suggestionen gesprochen, dass er sich Vorstellen soll, wie in die Handfläche die nach oben zeigt ein dickes schweres Buch hineingelegt würde, während an der anderen Hand am Handgelenk unzählige mit Helium gefüllte Ballons an einer Schnur befestigt wären, die den Arm nach oben schweben lassen.
Während nun die eine Hand immer leichter wird, suggeriert man gleichzeitig, dass die andere Hand mit dem Buch immer schwerer wird.
Sobald Sie einen Unterschied an der Position der Arme erkennen können, bitten Sie den Klienten die Augen wieder zu öffnen und sich selbst von dem nun deutlichen Unterschied zu überzeugen.

7.2.4 Armlängentest

Der Klient wird gebeten, beide Arme mit geschlossen Augen nach oben zu strecken und sich dabei vorzustellen, wie ein Arm in den Himmel wachsen würde und immer länger und länger wird. Der Arm der nun schon fast in den Himmel wächst ... je mehr er sich dies vorstelle ...
Danach wird der Klient gebeten, beide Arme langsam in die waagerechte Position zu bringen und die Augen zu öffnen.
Das Ergebnis ist meist verblüffend, da nun in der Tat ein Arm länger erscheint als der andere.

7.2.5 Magnetische Finger

Hierbei verschränkt der Klient seine Hände / Finger wie zu einem Gebet, wobei beide Zeigefinger sich parallel ausgestreckt gegenüber stehen. Der Klient wird angewiesen so gut es ihm möglich ist, den Abstand zu seinen Fingern zu halten und sich auf den Abstand zwischen den Fingern mit offenen Augen zu konzentrieren.
Nun werden Suggestionen gegeben, dass sich die beiden Zeigefinger wie zwei Magnete anziehen und der Abstand zu den Fingern immer kleiner wird, um so mehr der Klient versucht seine Finger auseinander zu halten.
Alternativ können Suggestionen gegeben werden, wie als ob die Finger mit einer Zwinge zusammengehalten werden, verklebt sind etc.

Folgende Suggestion hat sich als äußerst wirksam erwiesen:
... und je mehr Du nun versucht Deine Finger auseinander zu halten, um so weniger wird es Dir gelingen ...
Versuche nun deine Finger auseinander zu halten und stelle fest, dass es Dir immer weniger gelingen wird ...

Ziel des Ganzen, also Ziel aller Tests ist es dem Klienten ein Gefühl zu geben, dass Suggestionen auf Ihn wirken.
Dadurch wird Vertrauen aufgebaut und Vertrauen ist die Voraussetzung einer erfolgreichen Arbeit.

8. Einleitungen

Unter Einleitung versteht man wie schon erwähnt das Herbeiführen, die Induktion in die Hypnose in die Trance.
In der Regel unterscheiden wir zwei Arten.
Die direkte autoritäre Form, auch klassische Hypnose genannt.
Die indirekte antiautoritäre Form, auch klinische oder moderne Hypnose nach Milton Erickson genannt.

In der klassischen Form arbeiten wir mit direkt gegebenen Suggestionen. Hier sprechen wir den Klienten DIREKT an:
Du schließt jetzt Deine Augen ... Du wirst müder und müder ...

Bei der modernen Form arbeitet man mit indirekten Suggestionen oder mit Metaphern und Stellvertretergeschichten.
Ein Beispiel für indirekte Suggestionen:
Manche schließen dann die Augen ... und oft wird man müder und müder ...

Die Einleitung sollte wie bereits unter 6.1 beschrieben, ruhig und langsam, ja schon eher monoton gesprochen werden, wenn möglich beim Ausatmen sprechen, einfach versuchen Zeile für Zeile ohne Hast. Satzbildung und Grammatik spielen hier keine Rolle ... Ruhe finden und immer daran denken, je ruhiger und souveräner, desto größer ist der Erfolg.

Nachfolgend habe ich einen Mix von direkten und indirekten Einleitungen, sowie Metaphern und Stellvertreter Geschichten zusammengestellt.

8.1 Einleitung 1. Antiautoritär
... mit Ansprache und Körperlösung.

(beim Ausatmen) Man hat sich zurückgelegt ...
(beim Ausatmen) sich ausgestreckt ...
(beim Ausatmen) es sich einfach bequem gemacht ...
(und immer weiter versuchen beim Ausatmen, sollte der Satz noch nicht zu ende sein, warten und beim nächsten Ausatmen ...).
einige schließen auch ... jetzt ...
die Augen ...
aber vielleicht wirst Du,
das auch erst ein wenig später tun ...
es ist jedermann selbst überlassen,
es ist Deine Entscheidung ...
Wenn Du willst, kannst Du jetzt,
oder später etwas der Musik lauschen ...
ja, die im Hintergrund ...
Wirst meine Stimme wahrnehmen ...
einfach entspannen ...
ganz so wie man es will ...
Vielleicht merkst Du ...
wie Du ... Deinen Atem,
wahrnehmen kannst ...
und wie Du Dich mit jedem Atemzug ...
entspannst ...
wie Du mit jedem Einatmen,
das Heben Deines Brustkorbes ...
wahrnehmen kannst ...
und eventuell die Frische spürst ...
neue frische Luft ...

neue frische Energie ...
welche Du bei jedem Atemzug,
in Dir aufnimmst.
Und wie Du beim Ausatmen,
das Sinken Deines Brustkorbes
wahrnehmen kannst ...
und Alles,
ja Alles ...
abgeben kannst ...
einfach alles abgeben kannst,
was Du nicht mehr benötigst,
was Du nicht mehr benötigst,
da es immer unwichtiger ...
und unwichtiger wird ...
wie Du mit jedem längerem Atemzug,
das Einströmen der Luft,
wahrnehmen kannst ...
Die Frische spürst ...
Wie Du mit jedem längeren Ausatmen
Das Ausströmen der Luft wahrnimmst ...
Und Alles mit gibst ...
Und tiefer und tiefer ...
Entspannung ...
Einige gehen ... jetzt ...
über in eine tiefe Entspannung,
tiefer und tiefer ...
gleiten sie ab in diese Entspannung ...
andere wollen jedoch ...
noch etwas abwarten ...
um dann später,
in Ihrem eigenen Tempo ...

in eine noch tiefere Trance abzutauchen.
Und die Augen ...
(sind die Augen bereits geschlossen einfach weiter,
ansonsten – Augenschluss nochmals ansprechen, wie :
und wenn Du willst kannst Du Deine Augen jetzt schließen).
Geschlossen ...
das ist gut so ...
Es ist so angenehm,
wenn die Augen geschlossen sind.
Wenn die Augen, diese Entspannung ...
eingenommen haben ...
eine unendliche Ruhe
und Geborgenheit ...
Da ist es normal ...
Das Menschen ...
die Umgebung,
das Leben ...
die Geräusche ...
als immer weiter weg ...
als immer unwichtiger
und unwichtiger, betrachten ...
bei vielen ist es dann sogar so,
das jedes Geräusch von außen ...
ob da ein Auto fährt ...
ein Mensch ein Tier ...
die Treppe rauf, oder runter ...
mit oder ohne Ziel,
doch das ist egal es ist nicht wichtig ...
Du hast Dein Ziel ...
Und niemand außer Dir kann sagen ...
Wie oder wo oder wann,

denn es ist ... Dein Ziel.
Ja so gehen viele ...
bei jedem Geräusch von außen,
in eine noch tiefere Entspannung.
Und wenn man dann zu seiner Atmung zurückkommt,
kann man spüren ...
wie tief die Entspannung ...
sich im Körper ausgebreitet hat.
wie man bei jedem Atemzug,
die Entspannung ...
in seinem Körper spüren kann ...
Der ausströmenden Luft immer ein ganz klein wenig,
Anspannung mitgeben kann ...
wie man mit jedem tiefen Einatmen,
das Füllen der Lungen spürt ...
beim Ausatmen die Luft nach außen gibt ...
Bei jedem Atemzug etwas mehr Entspannung entsteht ...
Eventuell spürt man zuerst eine Kühle im Gesicht,
oder die Entspannung,
welche sich von den Augen her ausbreitet.
Tiefer und tiefer ...
Und mehr und mehr,
wird der wohltuende Entspannungszustand ...
So breitet sich diese Frische,
ein angenehmes prickeln ...
über das gesamte Gesicht aus ...
über die Schläfen in den Nacken ...
Schultern lösen sich,
Entspannen sich ...
Breitet sich aus hinein in die Arme,
Hände, Finger ...

bis hin zu den Fingerspritzen.
Die Wirbelsäule entlang,
jeden Wirbel einzeln ...
löst sich, entspannt sich,
wohltuend, heilend ...
hinein in das Becken ...
über Brustkorb ...
den Bauchraum ...
Entspannung ...
Wie beruhigend für Magen und Darm.
In die Oberschenkel,
Knie, Waden ...
Massierend und lösend ...
Über die Achillessehnen,
Füße, Zehen ...
bis hinein in die Zehenspitzen ...
Tief Entspannt,
tief Entspannt ...

Nun kann eine Vertiefung folgen, eine Geschichte oder ein vorbereiteter Wirktext.

8.2 Einleitung 2. Antiautoritär
... mit direkter Ansprache & Dissoziation ...

Du kannst damit beginnen,
dass Du eine angenehme Haltung einnimmst,
was Du eventuell schon kennst ...
und für Deine Augen,
einen Platz finden,
auf dem sie ruhen können.
Und Deine Hände,
können auch eine ruhige Position annehmen,
so dass sie unterschiedliche Empfindungen haben können ...
links und rechts ...
sollte die Position später nicht mehr die für Dich beste sein ...
dann kannst Du jederzeit,
auch eine andere Position einnehmen ...
und auch die Füße,
können, jeder für sich ...
rechts oder links
ein eigenes Gefühl entwickeln ...
Und dann kannst Du zu Deiner Atmung kommen ...
Beim Einatmen die Frische aufnehmen
Und beim Ausatmen abgeben,
abgeben was Du nicht brauchst.
Du wirst merken,
wenn die Augen sich beginnen ...
weit zu stellen ...
kannst Du durch die Dinge hindurch sehen.
Und sie werden gleichgültiger ...
gleichgültiger werden auch alle Geräusche,

welche Du um Dich herum wahrnimmst,
Du folgst einfach meiner Stimme und der Melodie,
einfach meiner Stimme ...
Und ob da ein Auto fährt ...
und Du frägst Dich eventuell,
wer wird da wohl fahren,
was wird sein Ziel sein ...
wirst Du sicherlich bemerken,
das dies unwichtig ist,
es ist nicht Dein Ziel.
Jedes Geräusch von außen,
ein Auto, Stimmen, Schritte ...
nur Deine Entspannung vertiefen helfen ...
Dann beginnst Du in Trance zu gehen ...
Du musst auch nicht gleich in Trance gehen,
Du musst auch nicht gleich die Lider schließen,
Du kannst es Deinen Lidern überlassen,
wann sie die nötige Schwere entwickeln
und die Müdigkeit ...
sich zu schließen ...
Das kann die Wachheit
Deiner Gedanken
gleich lassen.
Und Du kannst es genießen ...
... nichts zu tun.
Einfach die Dinge zu beobachten,
die sich von alleine verändern,
so wie Dein Körper das gewohnt ist,
Dinge für Dich in Ordnung zu bringen.
Und Du kannst eine Weile die Wahrnehmung registrieren.
Die Art wie Du im Sessel liegst ...

die Lehne im Rücken spürst ...
und deine Atmung.
Beim Ausatmen mehr von dem abgeben,
was Du im Moment nicht brauchst.
Und beim Einatmen den Raum spüren,
den Du beim atmen schaffst
diesen inneren Freiraum ...
Und Du kannst Dir beim Einatmen,
jeweils ein Bild davon verschaffen,
wie dieser innere Freiraum aussieht,
welche Farbe er hat,
wo das Licht herkommt,
welche Gegenstände in diesem Raum sind,
wie viel Platz ...
Du in diesem Freiraum hast,
was Du aus dem Fenster wirfst,
beim Ausatmen ...
Diesen Freiraum zu vergrößern.
Und während Du mit einem Teil,
dieser Aufmerksamkeit ...
die Du diesem inneren Freiraum widmest,
beim Einatmen, gleichzeitig ...
das Ausatmen beachtest ...
und jeweils abgibst,
abgibst, was Du nicht brauchst,
so wie Du beim Einatmen darauf hinwirkst
dass Du ausatmest.
Und Du weißt nicht ... ob
Du ausatmest,
weil Du eingeatmet hast,
oder einatmest,

weil Du bereits ausgeatmet hast.
Kannst Du mit einem anderen Teil der Aufmerksamkeit,
Dich Deinen Empfindungen ...
Deiner Haut widmen ...
Die Haut, die an den Fingern und an den Händen spürbar ist,
als Kühle vielleicht ...
oder Wärme von innen ...
Du weißt auch nicht genau,
ob die Kälte durch die Haut von außen nach innen dringt ...
oder von innen ... mehr durch die Haut nach außen ...
und diese Empfindungen ...
kannst Du verfolgen ...
vom Handrücken über die Arme und den Hals ...
Jedes Mal beim Ausatmen ...
weiter und tiefer in diesen *Sessel / Liege* einsinken ...
Du kannst die Ruhe spüren ...
die von den Augenlidern ...
auf die Wangen übergeht ...
auf die Wangen, den Hals, die Schultern,
In die Arme bis in die Fingerspitzen,
und weiter hinab ...
über die Wirbelsäule,
das Becken ...
hinein in die Beine, Füße ... bis zu den Zehenspitzen,
Deinen gesamten Körper ...
Die Freiheit zu genießen ...
nichts tun müssen ...
Du musst nicht vergessen was Du weißt,
ohne sicher zu sein ...
dass Du erinnerst
was Du vergisst ...

weil Du mehr vergisst,
als Du erinnerst zu wissen
und wissen dass Du ...
vergessen kannst,
ohne zu erinnern dass Du bereits wusstest ...
Tief entspannt ...
und sorglos bist Du nun,
bist glücklich ...
Dich einfach treiben lassen zu können.
Du kannst nun beginnen,
Deinen Körper wahr zu nehmen ...
Du kannst Dich auch von außerhalb betrachten,
stell Dich einfach hinter Dich ...
und gehe um Dich herum ...
Wie Du Dich so betrachtest,
Dein eigenes Ich,
wie Du so hinter Dir stehst,
oder um Dich herum gehst,
betrachtest Du Dich genau,
schau Dich an ...
Du kannst nun wieder in Dich hineingehen,
Dich einfach wieder zurück in Deinen Körper begeben ...
und wieder tief und weiter,
diese Entspannung spüren ...
Brauchst mir auch nicht mehr aktiv zuzuhören,
kannst Dein Wachbewusstsein Träumen lassen,
Dein Unterbewusstes wird dies für Dich übernehmen,
Dein Unterbewusstes wird weiter meiner Stimme folgen ...

Vertiefung, Wirktext, Ausleitung ....

8.3 Einleitung nach Elman (abgewandelt durch Ralf Häntzschel)

Die klassische Methode nach Elman ist wohl die bekannteste Einleitung. Es gibt sicherlich keine Hypnoseschule in der diese Einleitung fehlt. Unzählige Varianten, nachfolgend meine Interpretation.

Atme nun einmal tief ein ... *(beim Einatmen auf drei zählen)*
und aus ... *(beim Ausatmen auf 4 zählen)*
Atme nun einmal tief ein ... *(beim Einatmen auf drei zählen)*
und aus ... *(beim Ausatmen auf 4 zählen)*
Ein ... nehme die Frische beim Einatmen wahr.
Und aus ... gib alles mit was Du nicht brauchst ...
Und bei jedem Einatmen hältst Du die Luft etwas ...
und beim ausatmen gibst Du den Lungen die Zeit,
alle Luft abzugeben ...
Nun lass alle Anspannung in Deinem Körpers los.
Lasse einfach zu, dass sich Dein Körper ...
so stark wie möglich entspannt ...
jetzt gleich ...
Richte jetzt Deine Aufmerksamkeit
auf Deine Augenmuskulatur ...
und entspanne Deine Muskeln um Deine Augen
so sehr ...
dass sie ihre Funktion nicht mehr erfüllen.
Wenn Du so entspannt bist,
dass Deine Augenlieder sich nicht bewegen können,
und dies solange wie Du
in diesem Entspannungszustand bleibst,
solltest Du diesen Zustand aufrecht erhalten
und Deine Augenlieder prüfen

um wirklich sicher zu stellen ...
Sie bewegen sich nicht ...
Die Entspannung
die Du in Deinen Augen und Augenliedern empfindest,
ist von der Qualität,
wie Du dies gerne in Deinem ganzen Körper
empfinden willst ...
sorge einfach dafür,
dass sich diese Entspannungsqualität
in Deinem ganzen Körper ausbreitet ...
vom obersten Punkt Deines Kopfes
bis hinunter zu Deinen Zehenspitzen ...
Du kannst diese Entspannung
noch viel tiefer werden lassen...
Ich werde Dich nun gleich auffordern,
die Augen wieder zu öffnen ... und zu schließen.
Das Schließen der Augen ist ...
Dein Zeichen dafür,
dass Du dieses Gefühl der Entspannung
noch zehnmal tiefer werden lässt.
Du brauchst nichts zu tun ...
nur zu wollen ...
dass dies geschieht ...
und Du kannst dieses Resultat sehr leicht erreichen.
Gut ... öffne Deine Augen ...
Und nun schließe Deine Augen ...
spüre wie die Entspannung sich,
in Deinem ganzen Körper ausbreitet
und Dich noch viel tiefer
tiefer in eine wohltuende Entspannung
hinab gleiten lässt ...

So ist es gut!
Nutze einfach Deine ganze Vorstellungskraft ...
und stelle Dir vor,
dass Dein ganzer Körper
in eine wärmende Decke
der Entspannung gehüllt ist ...
Du kannst jetzt Deine Entspannung
noch viel tiefer werden lassen ...
Ich werde Dich gleich nochmals auffordern
die Augen zu öffnen ... und zu schließen
um Deine derzeitige Entspannung
noch zu verdoppeln.
Lasse diese dann doppelt so tief werden ...
Öffne Deine Augen ...
Und ... schließe Deine Augen ...
und verdopple Deine Entspannung ...
So ist es gut ...
Entspanne jeden Muskel Deines Körpers,
so dass alle Muskeln ...
völlig entspannt sind
solange Du diese Entspannung aufrecht erhältst ...
Ich werde Dich nun gleich nochmals auffordern
Deine Augen zu öffnen ...
und dann wieder zu schließen.
Wenn Du dann die Augen wieder schließt,
verdoppelst Du noch einmal Deine Entspannung
die Du nun erreicht hast.
Lass sie doppelt so tief werden.
Öffne Deine Augen ...
Und ... schließe Deine Augen ...
Verdopple Deine Entspannung ...

GUT ...
Entspanne jeden Muskel in Deinem Körper
so sehr,
dass Du völlig entspannt bist ...
Völlige Entspannung ...
Ruhe ...
Tiefe Ausgeglichenheit.
Tiefer und tiefer
immer mehr und mehr.
Ich werde nun gleich
Dein RECHTES / LINKES Handgelenk etwas anheben
und Deine Hand anschließend fallen lassen.
Wenn Du meinen Anweisungen bisher gefolgt bist,
wird Deine Hand so locker und schlaff sein
wie ein nasser Lappen ...
völlig schlaff und locker ...
sie wird einfach hinab fallen ...
ganz locker und schlaff ...
Du bleibst dabei völlig passiv ...
locker und schlaff.
Überlasse das Hochheben einfach mir ...
Sobald ich Deine Hand loslasse
fällt sie einfach herab ...
ganz locker und schlaff,
wie ein nasser Lappen ...
Du bleibst dabei völlig passiv ...
beim Herabfallen Deiner Hand
kannst Du Dir erlauben
noch viel tiefer zu gehen
und Deine Entspannung ...
doppelt so tief ...

Ich hebe nun Deine Hand (HAND HEBEN)
Deine Hand ...
wird nun gleich herabfallen
und eine noch viel tiefere Entspannung
breitet sich in Deinem ganzen Körper aus ...
doppelt so tief ...
(HAND FALLEN LASSEN) doppelt so tief ...
So ist es gut ...
Du befindest Dich in einer völligen
körperlichen Entspannung ...
Tief ist die Ruhe ...
Man kann sich auf zwei Arten entspannen,
körperlich und geistig.
Das Du nun körperlich völlig entspannt bist
hast Du gerade bewiesen ...
Doch früher oder später ...
möchtest Du sicherlich auch Deinen Geist
völlig entspannen ...
Ich kann Dir zeigen
wie Du Dich auch geistig völlig entspannen kannst ...
Ich werde Dich jetzt gleich bitten,
langsam von 100 rückwärts zu zählen.
Spreche jede einzelne Zahl deutlich aus ...
Das Geheimnis geistiger Entspannung ist ...
verdopple bei jeder Zahl die Du aussprichst,
Deine Geistige Entspannung ...
lasse bei jeder Zahl die Du aussprichst
Deinen Geist doppelt entspannt werden.
Er wird spätestens bei der Zahl 95
oder sogar noch früher
so entspannt sein,

dass dieser absolute Entspannungszustand
nahezu alle Zahlen
die nach 95 gekommen wären,
aus Deinem Geist entfernt haben.
Alle Zahlen nach 95
sind dann für Dich
während diesem Entspannungszustand ausgelöscht ...
einfach verschwunden ...
Jedoch musst Du das tun ...
Du musst es nur tun ...
die Zahlen werden verschwinden,
wenn Du sie mit Deinem Willen ... vertreibst.
Wenn Du Dir nun vorstellst
dies zu erreichen
kannst Du die Zahlen leicht
aus Deinem Geist verbannen.
Du musst es wollen,
dass es passiert ...
lass es einfach geschehen ...
Und auch in diesem entspannten Zustand
Fällt es Dir leicht zu sprechen,
Deine Zunge formt die Zahlen ... leicht ...
Spreche nun die erste Zahl ...100 aus
... verdopple Deine geistige Entspannung ...
Tiefer entspannt ...
die anderen Zahlen verschwinden
mehr und mehr ...
beginne schon jetzt
die anderen Zahlen
mehr aus Deinem Geiste
verschwinden zu lassen ...

Sprich nun die nächste Zahl ... 99 ...
... noch tiefer entspannt ...
Verdopple nun Deine geistige Entspannung
und fange an,
die übrigen Zahlen
verschwinden zu lassen.
Sie werden verschwinden,
wenn Du sie mit Deiner Willenskraft vertreibst ...
Noch tiefer entspannt ...
Und nun die nächste Zahl
Sprich ... 98 ...
... noch tiefer entspannt ...
immer tiefer und tiefer ...
jetzt werden die übrigen völlig verschwinden ...
verbanne die anderen Zahlen ...
werfe sie einfach hinaus ...
Sprich die nächste Zahl ...
(Wenn nichts kommt) Sind sie alle weg?
Schön dann ist Dein Geist jetzt völlig entspannt ...
(Ansonsten für den Klienten übernehmen ...).
... Ich werde für Dich nun weiter machen ...
mit jeder Zahl wirst Du doppelt so tief
in eine geistige Entspannung gehen ...
tiefer und tiefer ...
bei 95 sind dann alle Zahlen
die noch kommen würden
wie weggeblasen ...
sie sind alle verschwunden ...
... 97... tiefer und tiefer ...
... immer tiefer gehst Du nun ...
alle verschwinden ...

mehr und mehr ...
wie weg geblasen ...
... 96 ... tiefer und tiefer...
... 95 ... tiefer und tiefer ...
Sie sind alle verschwunden und ...
Du bist völlig geistig entspannt ...
Du hast nun eine völlige ...
körperliche und geistige ...
Entspannung erreicht ...

Vertiefung, Wirktext, Ausleitung ...

8.4 Fixationsmethoden

8.4.1 Fixation Punkt

Ausführung

Der Klient sitz oder liegt in einer bequemen Lage und wird aufgefordert seine Konzentration auf einen bestimmten Punkt zu richten. Es hat sich für sehr wirksam erwiesen, wenn man einen schwarzen Punkt (ca. die Größe einer 5 Cent Münze) so anbringt, das der Blick leicht nach oben gerichtet ist, ca. in Höhe des „dritten Auges".

Text Einleitung Fixation Punkt 1

Mach es Dir nun Bitte bequem
und genieße die angenehme und wohltuende Entspannung.
Und wenn Du nun so vollkommen bequem und entspannt
liegst / sitzt, lasse Deine Augen
einen Punkt im Raum finden,
den Sie fokussieren können ...
das kann ein Lichtschalter sein,
oder auch ganz einfach irgendein Punkt
an der Wand
an der Decke ...
oder suche Dir irgendetwas ...
anderes aus ...
eventuell nimmst Du einfach den Punkt
über den wir schon gesprochen haben ...
(nur wenn dies vorher der Fall war).

Und während Deine Augen
diesen Punkt fixieren,
kannst Du Dich auf das Gefühl
wohliger Entspannung,
das sich nun ganz sanft ...
in Deinem Körper ausbreitet,
konzentrieren ...
oder Du kannst es auch gar nicht beachten.
Und wenn Du das möchtest,
kannst Du Deine Gedanken wandern lassen...
Und Du wirst feststellen,
dass Dein Körper und Dein Geist
sich mehr und mehr entspannen,
je länger Du diesen Punkt fixierst ...
Und je mehr Du Deine Gedanken
schweifen lässt ...
desto mehr kannst Du loslassen
loslassen und entspannen,
während Du auf meine Stimme
und diese Melodie hörst ...
Es kann durchaus sein,
dass Du einen hellen Schimmer
um diesen Punkt wahrnimmst,
oder eine Unschärfe ...
eventuell wandert der Punkt ...
Und Du konzentrierst Dich auf diesen Punkt,
Deine Augenlieder beginnen eventuell zu Flackern ...
ein leichtes Brennen in den Augen ...
Und ebenso wie Du spürst,
wie Dein Körper entspannt,
spürst Du auch die Schwere

in Deinen Augenlidern.
Vielleicht achtest Du auch darauf,
wie tief und rhythmisch Dein Atem jetzt fließt ...
während sich Deine Augen
langsam schließen ...
Die meisten Menschen fühlen sich wohler,
wenn sie ihre Augen schließen.
Es ist so viel leichter ...
sich zu entspannen.
Die Augen zu schließen ... und ...
sich tief zu entspannen ...
(Je nachdem, ob die Augen geschlossen oder offen sind).
Schließe nun Deine Augen
und entspanne Sie ... und ...
! oder,
Da Deine Augen nun geschlossen sind,
spürst Du die Entspannung ...
und ... erlebe,
wie die Gefühle von Wohligkeit
und Entspannung,
Deinen Körper durchströmen.
Jegliche Geräusche,
die zu Dir durchdringen,
scheinen von weit her zu kommen
und können Dir helfen ...
Dich noch tiefer zu entspannen....
Du interessierst Dich jetzt
viel mehr,
für das Gefühl von Ruhe,
Frieden und Entspannung,
was Du in Dir spüren kannst ...

Und jetzt,
wo Du Dich immer mehr entspannst
und Dich immer wohler fühlst,
bist Du auch in der Lage,
Dich ganz deutlich auf das auszurichten,
was Du wirklich erreichen willst,
was auch immer es ist.
Nutze einfach,
Deine natürliche Begabung der Konzentration,
um jetzt die Muskeln Deiner Augen,
Deiner Augenlider ...
zu entspannen,
nutze die Kraft Deiner Phantasie,
um sich ...
das Gefühl angenehmer Schwere und Entspannung
in den Muskeln Deiner Augen ...
vorzustellen.
Lasse diese Muskeln entspannen,
so sehr,
dass Deine Augen ...
einfach geschlossen bleiben wollen...
Und ebenso wie Deine Augen entspannen,
kannst auch Du entspannen ...
und während Du entspannst,
kannst Du zulassen,
dass sich das angenehme Gefühl
der Entspannung und der Schwere
von Deinen Augen aus
in Deinem ganzen Körper ausbreitet.
Du kannst entspannen,
genau wie Deine Augen sich entspannten,

und erleben,
wie dieses wunderbare Gefühl
jede Faser Deines Körpers ...
Dein gesamtes Sein ... durchströmt ...
und dabei an Intensität zunimmt ...
Und wenn Du willst,
dann kannst Du spüren,
wie alles, jeder Teil von Dir
vollkommen ...
und völlig mühelos ...
entspannt ist,
ruhig und gelassen ...
Du kannst spüren,
dass jeder Atemzug
zu Deiner Entspannung beiträgt,
tiefer und tiefer ...
jeder Atemzug ...
trägt zur Entspannung bei ...
tiefer und tiefer ...
und mit jedem ausatmen entspannst Du ...
tiefer und tiefer ...
Du kannst dieses wachsende Gefühl
der Entspannung in Deinem Körper
auch einfach gar nicht beachten ...
wenn Deine Gedanken lieber
abschweifen wollen ...
dann lasse sie abschweifen.
Dein Unterbewusstes
wird weiterhin meiner Stimme folgen ...

Vertiefung / Sicherheitsort / Wirktext / Ausleitung...

Text Einleitung - Punkt Fixation 2

Ruhe und Zufriedenheit,
Ruhe und Gelassenheit,
Ruhe ist Entspannung,
ist ein endloser Quell ...
aus welchem man,
Kraft schöpfen kann.
Und man kann auch jederzeit ... zurückdenken,
zurückdenken an die letzte,
tiefe Entspannung,
an das Gefühl,
dieser tiefen Entspannung.
Eine bequeme Lage eingenommen zu haben,
Und die Augen fixieren einen Punkt,
einen Punkt, der sich findet,
früher oder später,
einfach einen Punkt,
welchen man sich selbst gewählt hat.
Dann kann man auch, zu seiner Atmung kommen.
Und Einfach beim Einatmen
die frische fühlen,
und beim Ausatmen,
Alles loslassen ...
loslassen und mitgeben,
was einem belastet.
Und eventuell stellt man fest,
das der Punkt,
auf den man sich konzentrierte,
und das ganz ohne zu Blinzeln,
das der Punkt, sich bewegt,

mal scharf mal unscharf ist,
ein heller Schein umgibt ihn.
Und die Augen werden immer
müder und müder,
manchmal verspürt man auch
ein leichtes Brennen in den Augen ...
Schwerer und schwerer werden die Augenlieder ...
Immer schwerer und müder ...
Eventuell ein flackern ...
Manche schließen dann einfach die Augen ...
Hatten es bereits,
oder tun es jetzt,
oder später ...
einfach schließen ... die Augen ...
weil man es will ...
weil es einfach so angenehm ist ...
oder bereits war ...
Und es ist doch so entspannend
mit geschlossenen Augen,
müde waren die Augenlieder,
schwer waren die Augenlieder,
müder und schwerer ...
Und so ist man froh diese geschlossen zu haben,
Und so kann man
wieder zu seinem Atem zurückkommen,
und bei jedem Einatmen,
frische Energie tanken,
und bei jedem Ausatmen,
alles abgeben was man nicht braucht.
Tief ein ... (auf drei zählen)
Und aus ... (auf 4 zählen)

Ein ...
Und aus ...
So tief entspannt,
so tief zufrieden ...
In unserer Welt gibt es Geräusche ...
Geräusche, die jedoch jetzt,
immer unwichtiger werden,
unwichtiger und unwichtiger
werden alle Geräusche.
Kann sein, ein Auto fährt vorbei,
eventuell Stimmen von außen,
Personen, Tiere.
Geräusche im Haus ...
Der Wind ...
Doch dies Alles,
bringt einem in eine,
noch tiefere Gelassenheit,
tiefere Ruhe und Ausgeglichenheit.
Und so wie die Gleichmäßigkeit der Atmung,
die schwere der Augen,
eine tiefe Entspannung erzeugen ...
kann man einfach jetzt oder später,
in eine tiefe Trance gehen,
kann loslassen,
loslassen,
von allem,
tiefer und tiefer,
mehr und mehr ...

Vertiefung / Sicherheitsort / Wirktext / Ausleitung ...

8.4.2 Fixation Finger

Du sitzt locker und entspannt
und wirst nachher
noch viel entspannter sein können,
was bestimmt leicht sein wird.
Du schaust dazu meine Fingerspitze an,
beobachte sie ganz genau ...
das hilft weiter beim Konzentrieren ...
und Entspannen ...
und während Du die Fingerspitze ansiehst,
merkst Du allmählich,
wie sich die Helligkeitsverhältnisse
um den Finger herum ...
verändern,
schau weiter ganz ruhig ...
ohne zu Blinzeln ...
auf die Fingerspitze und merke,
wie sich alles darum
in der Helligkeit verändert ...
wie durch Nebel ...
immer weiter verblasst ...
(Der Hypnotiseur sollte nun eine Pupillenerweiterung sehen).
Und jetzt bemerkst Du auch,
wie sich die Schärfe
an der Fingerspitze verändert,
wie sie unscharf wird ...
und dann wieder schärfer.
Während die Helligkeitsverhältnisse
weiter so milchig bleiben,

siehst Du,
während Du den Finger beobachtest,
weiter die Schärfe und Unschärfe ...
(Jetzt kann man eventuell eine Augenrötung erkennen)
Merkst Du auch deutlich,
wie Deine Augenlieder ...
immer müder ...
und müder werden,
ganz schwer ...
so schwer,
dass Du sie am liebsten ...
gleich schließen willst,
um ...
mehr und mehr ...
zu entspannen ...
tiefer und tiefer entspannen.
Du siehst aber vorerst weiter auf meine Fingerspitze,
beobachtest die Helligkeitsveränderungen
und die Schärfeveränderungen ...
(Eventuell kann man eine Augenstarre und oder Lidsenken bzw. Lidzittern erkennen).
Deine Augen ...
werden immer müder,
müder und müder ...
so müde,
dass es viel Kraft kostet,
sie weiter aufzuhalten,
zu viel Kraft,
bis es Dir schließlich gleichgültig wird
und Du die Augen
von alleine schließt,

so schwer sind die Augenlider geworden ...
(Die einzelnen Unterinstruktionen werden jeweils wiederholt, bis die gewünschte Reaktion – Augenschluss - eintritt.)
Nun hast Du die Augen geschlossen
genießt die Entspannung,
die immer tiefer wird,
das wunderschöne Gefühl,
ganz tief ...
immer tiefer,
entspannen zu können,
abzuschalten.
Und Du merkst deutlich
die angenehme,
entspannte Schwere in Deinem Körper ...
genieße dieses Gefühl weiter ...

Vertiefung / Wirktexte / Ausleitung

Wichtig ist, dass der Hypnotiseur ein Gespür dafür hat, WANN es Zeit ist die Augen zu schließen.
Wenn ein Klient schon früh ein Augenflackern (Liedflackern) zeigt, sollte man ihm einen Augenschluss vorschlagen ...

... Manche schließen dann einfach die Augen.
... So kann man natürlich auch jederzeit die Augen schließen.

Variante Zwei Fixation Finger

Ausführung:

Dem Klienten wird der Zeigefinger ausgestreckt ca. 15 cm vor dem Mittelpunkt der Stirn („drittes Auge") hingehalten, so dass die Augen automatisch eine Blickrichtung leicht nach oben einnehmen müssen.
Der Zeigefinger wird nun langsam Synchron zum Text Richtung Stirn bewegt.

Tipp:

Sollte der Klient keine Anstalten machen die Augen zu schließen, zu langsam oder gar nicht, ist es ratsam den Zeigefinger langsam auf und ab zu bewegen, dadurch öffnen und schließen sich die Augenlieder zwangsläufig und dies erzeugt eine zusätzliche Ermüdung.

Schau bitte auf meinen Finger ...
ich möchte,
dass Du meinen Finger
ganz konzentriert beobachtest.
Du wirst gleich feststellen,
dass mein Finger ...
immer näher kommt ...
immer näher.
Ganz konzentriert
schaust Du den Finger an ...
und je näher er kommt,
desto schwerer

werden Deine Augenlieder ...
ganz schwer,
immer schwerer und schwerer ...
Wenn ich gleich mit meinem Finger
Deine Stirn berühre,
fallen Deine Augen einfach zu ...
und Du sinkst in einen tiefen,
angenehmen Zustand.
(Finger berührt Stirn, sollten die Augen nicht geschlossen werden – dies sagen:
Schließe deine Augen, schließe deine Augen ...)
Schlaf ...
So ist es gut.

Anmerkung :

„Schlaf - so ist es gut," muss unmittelbar nach Augenschluss gesprochen werden, denn hier entsteht ein Zeitfenster von 0,5 Sekunden, welches unser Wachbewusstsein abgelenkt ist.
Man sollte auch immer weiter reden ... dann langsamer werden und zur Vertiefung überleiten.

8.4.3 Fixation Pendel

Diese Fixationstechnik ist, mit eine, der schnellsten und sichersten Methoden, den Klienten in Trance zu versetzen.
Auch wenn es bei manchen Klienten etwas länger dauert als erwartet (klingt Paradox), letztendlich tritt in 99% der Fälle das erwünsche Ergebnis ein.

Der Klient kann sitzen, liegen, oder sogar stehen.
Das Pendel in einem Abstand ca. 10 cm oberhalb der Nasenwurzel („drittes Auge") des Klienten halten und Suggestionen von schweren Augenlidern geben (manche Hypnotiseure bewegen auch das Pendel, so dass es einen automatischen Augen auf und Augen zu Rhythmus erzeugt. Dies erfordert jedoch etwas Übung).

Bitte konzentriere Dich ...
nun genau auf die Spitze ... des Pendels.
Du siehst möglichst ohne zu blinzeln
voller Konzentration,
nur auf die Spitze des Pendels
oberhalb Deiner Augen.
Konzentriere Dich
nur auf dieses Pendel
und spüre wie Deine Augenlider
immer schwerer
und schwerer werden ...
während ...
Du Dich ... immer weiter
nur auf dieses Pendel
konzentrierst.

Immer schwerer und schwerer
werden deine Augenlider,
schwerer und schwerer.
Eventuell ...
beginnen Deine Augen leicht zu brennen
und es ist Dir kaum noch möglich
die Augenlider offen zu halten,
während Du Dich weiter
nur auf das Pendel konzentrierst
werden Deine Augenlider
immer schwerer und schwerer
und ... immer müder und müder ...
Du verspürst das tiefe Bedürfnis
Deine Augen jetzt ...
oder später einfach zu schließen ...

(Wenn die Augen zu flattern beginnen sollten Sie diese Erscheinung suggestiv bestätigen und somit das Schließen, die Schwere der Augenlider verstärken)

Deine Augenlider beginnen leicht
zu flattern ...
und es fällt Dir immer schwerer
und schwerer
Deine Augen offen zu halten.
Mit jedem Blinzeln
zieht es deine Augenlider
immer mehr nach unten
und Du kannst diese kaum noch offen halten.

(Führen Sie die Suggestionen weiter fort bis der Klient die Augenlider geschlossen hat. Sobald der Klient die Augenlider geschlossen hat, verstärken Sie die Suggestionen zur Einleitung wie folgt).

Du hast deine Augenlider geschlossen
und möchtest diese nun geschlossen halten,
je mehr Du versuchst deine Augenlider zu öffnen
je mehr werden sich diese schießen ...
Je mehr Du versucht
Deine Augenlider zu öffnen,
desto mehr werden sich diese schließen,
versuche nun Deine Augenlider zu öffnen und stelle fest,
dass sich diese nur noch fester schließen werden.
(Achtung!!! Die Schwere der Augenlider muss bei der Ausleitung wieder zurückgenommen werden)
Und diese Entspannung ...
die nun von Deinen Augenlidern ausgeht,
wandert weiter ...
durch Deinen ganzen Körper,
entspanne Dich nun noch mehr ...
entspanne Deinen Hals ...
Deine Schultern,
entspanne Deine Oberarme
bis hinunter in die Fingerspitzen ...
Entspanne Deine Brust,
Deinen Bauch.
Entspanne deinen Unterleib,
deine Beine
bis hinein in die Zehenspitzen ...
Und mit jedem Ausatmen ...
entspannst du Dich mehr und mehr
und gehst
tiefer und tiefer ...
mit jedem Ausatmen ...
tiefer und tiefer ...

8.4.4 Blitzeinleitung / Umfalltechnik

Die Umfalltechnik sollte von Hypnose Anfängern am besten unter professioneller Aufsicht durchgeführt werden. Eine zweite Person kann hierbei sehr hilfreich sein.

Sie ist eine sehr wirkungsvolle und schnelle Einleitung und wird in der Regel in einer vorerst sitzenden, dann liegenden Position praktiziert. Der Klient sitzt auf der Liege und Sie drücken Ihm mit Ihrem Zeigefinger sanft in den mittleren Rückenbereich.

Geben Sie nun die Suggestion, dass er genau an der Stelle an der sie ihn zuvor kurz gedrückt hatten spürt, wie Ihn dort etwas nach hinten zieht. Gleichzeitig haben Sie die gebündelte Hand oberhalb der Augen positioniert und nähern sich während der Suggestion des „nach hinten ziehen" mit Ihrer gebündelten Hand den Augen des Klienten.

Was passiert?

Mit dem zuvor erzeugten Druck im Rücken (dieser ist noch einige Zeit zu spüren) hat der Klient den Eindruck dass „dort" etwas ist und ihn nach hinten zieht.

Sie haben Ihre Hand jedoch nicht mehr am Rücken und positionieren diese so, dass Sie den Klienten gleich auffangen können, wenn dieser nach hinten auf die Liege fällt.

Gleichzeitig drängen Sie den Klienten förmlich nach hinten, indem Sie ihre gebündelte Hand oberhalb der Augen positionieren und ihn mit einem vorsichtigen sich nähern „nach hinten drücken" (ein normaler AUSWEICHREFLEX).

Irritiert von Ihrer Suggestion, dem noch gespürten Druck im Rücken und der nach hinten drängenden Hand, lässt sich letztendlich der Klient einfach nach hinten fallen.

Fangen Sie den Klient mit Ihrer Hand auf und legen sie ihn sanft ab, um mit der darauf folgenden Vertiefung fortzufahren.
Mit diesem sich „nach hinten fallen lassen" gibt der Klient einen großen Teil seiner bewussten Kontrollfähigkeit auf und „lässt es einfach geschehen".

Text:

Du sitzt nun auf der Liege / der Matte / dem Boden
und wirst gleich spüren
wie eine Kraft dich nach hinten zieht.
Stell Dir vor,
dass an dieser Stelle *(Hier Berühren Sie die Stelle am Rücken)*
ein Seil / ein Gummizug festgemacht ist,
welches Dich
mehr und mehr
nach hinten ziehen wird.
Konzentriere Dich nun
auf meine Finger
und Du wirst merken
je näher diese an Deine Stirn kommen,
das Seil Dich immer stärker ...
nach hinten zieht.
Immer stärker ...
zieht Dich das Seil nach hinten.
Immer stärker ...
wird der Zug nach hinten
und Du möchtest Dich hinlegen
um zu entspannen.
Immer stärker wird der Zug nach hinten.
Wenn Du Dich nun gleich

nach hinten fallen lässt,
werde ich Dich auffangen
und ganz sanft ablegen.
Und augenblicklich wirst Du dann
in eine tiefe Entspannung fallen,
so tief ...
wie nie zuvor ...
tief und angenehm.
Sobald Du liegst
wirst Du ...
tiefer und tiefer
in diese angenehme Entspannung sinken,
tiefer und tiefer und tiefer ...

Anmerkung

Nach dem Fallen weiter sprechen, denn auch hier hat man ein Fenster von 0,5 Sekunden in welchem das Wachbewusstsein abgelenkt ist.

Nachfolgend eine Version im Stehen, doch aufgepasst, hier ist in jedem Fall noch eine weitere Person notwendig (Fänger).
Machen sie es BITTE NIE ALLEINE.
Es ist auch empfehlenswert erst die sitzende Version zu Üben.

Text

Du stellst dich bitte einfach gerade hin,
schau in diese Richtung ...

(Egal welche Richtung, Hauptsache hinter dem Klienten ist genug Platz zum Umkippen und Hinlegen).

Wenn Du gleich auf meine Finger und da nur auf den Punkt zwischen meinem Daumen und Zeigefinger schaust, wenn ich die Hand so halte *(vorzeigen)*, dann werde ich die Hand immer näher an deine Stirn heranführen *(jetzt noch nicht)*.
Sobald meine Finger Deine Stirn berühren, wirst Du nach hinten umkippen und besonders tief in Trance gehen. Weil Du dann ja ganz gerade umkippst, wie ein Baum, der nach hinten fällt, *Deine Glieder werden ganz starr sein durch die eintretende Katalepsie.*
(Vorher vergewissern, dass der Klient diesen Begriff kennt).
Hier ist XX (*Name des Fängers*)*,* der Dich sicher fangen wird.
(Zum Fänger, während der Klient zuhört) Dazu stellst Du Dich einfach hin und hältst die Arme so *(vorzeigen)*, dass Deine Handflächen nach oben schauen und Du *(Name des Klienten)* am Rücken auffangen kannst. Du legst ihn/sie dann ganz sanft hin, indem Du in die Knie gehst. Ich halte dabei den Kopf, damit auch dieser ganz sachte zum Liegen kommt.

(Nun zum Klienten)

Bist du bereit,
in eine besonders tiefe Trance zu gehen?
Der Klient: "Ja!"
Dann schau bitte auf meine Finger,
fokussiere genau den Strich
zwischen meinem Daumen und Zeigefinger ...
und Du spürst schon jetzt,
dass je näher dieser Punkt kommt,
desto entspannter wirst Du ...
Deine Atmung ... ganz entspannt.
Genau so ist es gut ...

Wenn ich Dich gleich an der Stirn berühre,
schließt Du Deine Augen
und sinkst ganz tief in Trance,
ganz tief und entspannt,
dann kannst Du fallen,
bist entspannt,
denn Du wirst ganz sicher aufgefangen,
also lass dich einfach ...
nach hinten kippen.
Vielleicht spürst du schon jetzt
ein leichtes Ziehen im Rücken,
so wie ein unsichtbares Band ...
(auch hier sollte man zuvor mit dem Finger einen Druck aufgebaut haben)
gib dem Gefühl einfach nach
und tauch ein in dieses Meer der Entspannung.
(Sollten Sie nun die Stirn berühren ... können Sie das Wort „SCHLAF" sagen ... weiter reden, den Redefluss nicht stoppen).

Diese Methode wird auch gerne von Show Hypnotiseuren verwendet, auch da das Umfallen teilweise schon recht Spektakulär aussehen kann.

9. Ausleitung

Sicher ist, noch niemand ist in Trance geblieben und wie schon gesagt sind es oftmals ganz banale, normale menschliche Bedürfnisse, welche uns zurückbringen.
So wie Niemand ewig schläft, der Schlaf ein natürliches Ende findet, so ist es auch mit der Trance, irgendwann wacht man einfach auf.
Doch dieses „irgendwann" ist bei einer Hypnosesitzung nicht ausreichend, denn das Ende „UNSERER" Sitzung sollte auch das Ende der Trance sein. Deshalb wird „IMMER" eine Ausleitung gesprochen.
Zur Erinnerung die Ausleitung sollte dem Stil der Einleitung folgen und wird DEUTLICH / LAUTER und SCHNELLER gesprochen. Wichtig ist auch, dass vorher alle Suggestionen von Schwere zurück genommen werden.

9.1 Antiautoritär

9.1.1 Antiautoritäre Ausleitung 1

... und Du kommst nun in Deinem eigenen Tempo,
langsam und sicher wieder zurück an diesen Ort,
vielleicht kannst Du mit jedem Einatmen
ein Stück mehr an Energie zurück gewinnen.
Vielleicht kannst Du nun auch deutlich wieder Deinen Körper spüren und hast das Bedürfnis Dich zu bewegen
und kommst ganz in Deinem Tempo
sicher zurück ins HIER und JETZT...
in Deinem eigenen Tempo ... in Deinem eigenen Tempo

9.1.2 Antiautoritäre Ausleitung 2

... da ist der Atem den man spürt,
den Körper den man auf der Unterlage fühlt,
meine Stimme die man hört ....
Lösen sich jetzt ALLE schwere aus dem Körper,
auch die Augenlieder verlieren alle Schwere.
Und so kommt man in seinem eigenen Tempo und Rhythmus zurück ins HIER und JETZT.
Kann die Entspannung mitnehmen, ein Ausgeruht sein,
wird die Augen öffnen, öffnet einfach wieder die Augen
und kann diese Frische spüren.

9.2 Autoritäre Ausleitung

9.2.1 Ausleitung 123 / 1

Doch nun hast Du genug geschlafen und ich werde nun gleich von 1 bis 3 zählen, bei 3 angekommen wirst Du wieder Deine Augen öffnen, bist hellwach und fühlst Dich ausgeruht, alle Schwere wird dann aus Deinem Körper gewichen sein.

Alle Schwere wird auch aus Deine Körper gewichen sein.
Bei 3 angelangt wird auch alle Schwere aus Deinen Augenliedern gewichen sein und Du wirst Deine Augen ganz leicht öffnen.

1 Alle Schwere weicht aus Deinem Körper und Du spürst den tiefen Wunsch wieder aufzuwachen.
Dein Blutdruck und Deine Atmung nehmen wieder für Dich normale Werte an.

2 Alle Schwere weicht nun auch aus Deinen Augenliedern und Du bist nun gleich wieder hellwach und fühlst Dich ausgeruht und wohl wie nach einem langen tiefen und erholsamen Schlaf und voller Tatendrang und Energie.

3 Öffne Deine Augen, du bist hellwach im HIER und JETZT, fühlst Dich ausgeruht und wohl, öffne deine Augen.

9.2.2 Ausleitung 123 / 2

Ich werde nun gleich von 1 bis 3 zählen, bei 3 angelangt öffnest Du wieder Deine Augen, bist hellwach und fühlst cich ausgeruht und zufrieden, wie nach einem langen ausgiebigen Schlaf.
Bist voller Energie und voller Tatendrang.
Alle Schwere wird dann aus Deinem Körper gewichen sein.
Alles was ich Dir gesagt habe hat sich tief in Deinem Unterbewusstsein verankert und wird dort stets aktiv sein.
Alle Schwere wird auch aus Deinen Gliedern gewichen sein.
Bei 3 angelangt wird auch alle Schwere aus deinen Augenlidern gewichen sein und Du wirst Deine Augen ganz leicht öffnen können.

1 Alles Schwere weicht aus Deinen Gliedern und Du verspürst den tiefen Wunsch wieder aufzuwachen.
Dein Puls und Deine Atmung nehmen wieder für Dich normale Werte an.
2 Alles Schwere weicht nun auch aus Deinen Augenlidern Du bis nun gleich wieder hellwach und fühlst Dich ausgeruht und wohl wie nach einem langen tiefen und erholsamen Schlaf voller Energie und Tatendrang.
3 Öffne Deine Augen, Du bis hellwach fühlst Dich ausgeruht und wohl!

9.3 Probleme bei der Ausleitung

Sollte nach der Ausleitung der Klient die Augen nicht öffnen, kann man diesen nochmals darauf ansprechen „ÖFFNE DEINE AUGEN" ... auch wiederholt.
Wenn dies dann auch keine Wirkung zeigt, ist Ihr Klient wohl tief eingenickt und hält einen ruhigen Schlaf.

KEINE PANIK, IMMER RUHE BEWAHREN !!!

Sie können nun den Klienten wecken, sanft ... oder einfach weitermachen, die Musik aus, den Raum Lüften , das Licht auf normal Helligkeit etc., da wird der Klient auch aufwachen.

Sollte der Klient Kopfschmerzen haben, oder nicht ganz wach sein, einfach nochmals einleiten und erneut Ausleiten.

Augen, Orientierung etc. prüfen. Sollte hier dann eine Auffälligkeit feststellbar sein, BITTE den Klienten Bitten noch etwas zu verweilen, bieten Sie ein Glas Wasser oder Saft an.

Es ist noch niemand in Hypnose geblieben, spätestens, wenn der Klient zur Toilette muss, wird er/sie es tun (dies kann zum Beispiel auch ein unerwünschtes Tranceende bescheren).

10. Wirktexte

In diesem Kapitel möchte ich Ihnen eine kleine Auswahl an so genannten Wirktexten zur Verfügung stellen.
Diese Texte werden in der Regel nach der Einleitung oder einer Vertiefung nach der Einleitung gegeben. Wirktexte werden wie schon erwähnt gerne etwas blumiger, lebhafter gesprochen.
Sie können auch mit der Stimme modellieren, in schnell und langsam, in leise und laut, jedoch nicht zu laut, es soll keine Schrecksituation entstehen.

Alle Wirktexte sind auf ihre Wirkung hin geprüft und werden in der angebotenen Form, keinerlei negativen Einflüsse auf den Klienten haben.
Bitte arbeiten Sie steht's mit aller gegebener Sorgfalt, zeigen Sie Wertschätzung gegenüber dem Klienten und der Hypnose.

10.1 Entspannung / Selbstschutz / Stressbewältigung / Kraft und Zufriedenheit tanken...

... und während Du meine Stimme wahrnimmst ...
Sich die Entspannung mehr und mehr in Dir ausbreitet,
Deine Augen entspannt und geschlossen sind ...
Und Du ruhig atmest,
kannst Du Dir vorstellen vor einer Treppe zu stehen,
welche Dich fünf Stufen nach unten geleitet,
fünf Stufen,
und bei jeder Stufe wirst Du tiefer und tiefer
in diese wunderbare Entspannung sinken,
einfach tiefer und tiefer

in diese wunderbare Entspannung sinken ...
vielleicht hast Du es nicht gewusst,
aber dies ist Deine Treppe,
Deine Treppe der Entspannung ...
und so kannst Du nun in Deinem Tempo
die fünf Stufen nach unten gehen
und tiefer und zufriedener wird Deine Entspannung.
Tiefer und zufriedener,
während Du bei jeder Stufe eine Erleichterung wahrnimmst,
ja bei jeder Stufe eine tiefe Erleichterung.
Und ... bei jeder Stufe ... in Deinem Tempo ...
Kannst Du Dir einfach vorstellen,
wie alle schlechten Gedanken, Sorgen und Ängste,
Müdigkeit und Stress hinter Dir bleiben,
zurück, zurück wie die Stufen,
welche Du hinter Dir gelassen hast,
zurück wie die Stufen.
Am Ende der Treppe angelangt ...
stehst Du in einem hell erleuchteten Flur ... und ...
vor Dir siehst du zwei Türen.
Und es ist gut zu wissen,
dass egal welche Tür Du nun wählst,
es die richtige sein wird,
denn Dein Unterbewusstsein kennt den Weg
und Du brauchst nichts zu tun
folge einfach Deinem inneren ...
Und wie Du nun die Tür,
die Tür Deiner Wahl, geöffnet hast,
siehst Du vor Dir einen Raum
ein hell erleuchteter Raum,
er ist weiß und hell, weiß und hell

und rein, ja er ist rein.
Vielleicht nimmst Du gerade wahr ... wie hell es ist
und wie schön es in diesem Raum ist,
es ist Dein Raum,
Dein Raum der Entspannung,
Dein Raum der Entspannung...
In der Mitte des Raumes siehst Du eine weiße Liege
und Du stellst Dir vor wie es wohl sein würde
sich darin nieder zu legen,
auszuruhen, loszulassen, einfach auszuruhen und loszulassen...
Und ich frage mich,
ob Du Dir vorstellen kannst
und vorstellen willst,
einfach mal so aus Dir heraus zu gehen
und Dir selbst dabei zu zusehen,
wie Du Dich nun in diese bequeme weiße Liege legst ...

... Gut so ...

Und wie Du Dich da so beobachtest, entdeckst Du,
wie friedlich und zufrieden,
ja, wie friedlich und zufrieden ...
und in tiefer und tiefer ... Entspannung ...
Du Dich dort liegen sehen kannst ...
und Du siehst wie Du deine Augen schließt...

Und Du schließt Deine Augen, bist tief Entspannt
ein tiefes Gefühl der Zufriedenheit breitet sich tief in Dir aus.
Gehe mit deinem nächsten Atemzug mit ...
und begleite diesen in Deine Mitte,
in Deine Mitte, von wo aus diese tiefe

und wohlige Zufriedenheit und Entspannung, aus geht ...
Und bei jedem Einatmen tankst Du frische Energie
und bei jedem Ausatmen gibst Du Alles mit,
was Du nicht mehr benötigst.
Einfach mitgeben, was Du nicht mehr benötigst.
So reinigst Du Dich von innen,
bei jedem Einatmen ... frische Energie tanken ...
und bei jedem Ausatmen alles abgeben
was Du nicht mehr benötigst ...
einfach alles abgeben.
Und während Du so ...
in tiefer Entspannung auf dieser Liege liegst ...bemerkst Du,
„das Du Nackt bist,
oder,
das Du sehr leicht bekleidet bist „
einfach so, wie es die Natur vorgegeben hat,
und Du weißt, das dies einfach normal ist,
denn es ist dein Raum
und niemand außer Dir ist hier
und wird die Möglichkeit haben Dich zu stören.
Letztendlich ist es auch unwichtig,
denn Glücklicherweise ist es nicht notwendig daran zu denken,
denn dies ist Dein Raum,
Dein Raum der Entspannung,
es ist der Ort an dem Du all die Gedanken ... all die Dinge,
welche Du nicht mehr benötigst zurücklassen kannst ...
Und wenn Du jetzt nach oben schaust, direkt über Dir,
wirst Du an der endlos weit weg wirkenden Decke
ein weißes hell strahlendes Licht erkennen,
dieses Licht kommt näher und näher,
nicht wie normales Licht,

es kommt langsam auf Dich zu,
umströmt wie ein warmer hauch von frischem Tau Deine Haut
und dringt in jede Pore Deiner Haut ein ...
frischer Tau ... dringt in jede Pore Deiner Haut ein ...
und spendet Dir Energie, spendet Dir Energie ...
und wohlige wärme ... spendet Dir dieses helle Licht ...
Es umspannt Dich,
es umgibt Dich,
es kleidet Dich,
es bildet eine Aura,
Deine Aura die nach außen
Deine Stärke, Kraft, Entschlossenheit
und auch Deine Güte und Freundlichkeit
wiederspiegelt ...
Ja Deine Stärke, Kraft, Entschlossenheit
und auch Deine Güte und Freundlichkeit, gibt sie nach außen ...
Und es ist gut, dass diese Deine Aura auch nach innen arbeitet,
Du weißt es und hast es immer gewusst,
ja sie schützt Dich vor allen Angriffen, sie schütz Dich,
wie ein Schutzschild ... wie ein Schutzschild.
Nichts was Dich stören könnte,
was Dich stören könnte lässt Deine Aura durch ...
und Du weißt,
das Du diesen Schutz noch verstärken kannst
indem Du alle negativen Gedanken und Überlegungen,
alle negativen Gedanken und Überlegungen ...
beim Ausatmen einfach weg gibst
und durch positive Gedanken und Überlegungen ersetzt,
einfach durch positive Gedanken und Überlegungen ersetzt.

Und jeder positive Gedanke von Dir kann dazu führen, dass Dein Bild nach außen noch souveräner, noch freundlicher erscheint, denn Dein Äußeres ist immer nur ein Spiegelbild ...
Deines Inneren,
Dein Äußeres ist immer nur ein Spiegelbild Deines Inneren ...
Tiefer und tiefer entspannst Du Dich und fängst an zu träumen einen etwas anderen Traum in einem etwas anderen Schlaf ...
Und in diesem Traum,
gehst Du durch eine weitere Tür in Deinem Zimmer
und Du kommst in den nächsten Raum,
ein Raum ganz nach Deinem Geschmack
ganz wie er Dir gefällt,
doch wer weiß schon genau
vielleicht ist es aber auch gar kein Raum
sondern ein Platz im freien,
eine schöne Landschaft ...
nur Du kannst dies sehen,
Du in diesem anderen Traum,
in diesem anderen Schlaf,
Du und nur Du bist hier wichtig,
so dass Du tiefer und immer tiefer
diese wohlige Entspannung fühlen kannst.
Stell Dir einfach vor, das nun vor Dir ein Schreibtisch steht,
ein Schreibtisch nach der Art,
ganz so wie Du ihn Dir immer gewünscht hast,
Du setzt Dich auf den Stuhl und spürst wie bequem er ist,
vor Dir liegt Briefpapier es ist Dein Briefpapier
und ein Bleistift *(Füller, Kuli etc.)* ...
Du nimmst diesen Stift ...
und notierst ALLES was Dich im Leben stört,
alles was Du gerne nicht mehr als Teil ...

Deines Lebens haben möchtest,
Du notierst alles,
alles was Dich Belastet,
alles was Dich stört,
was nicht mehr Teil Deines Lebens sein soll ...
und je mehr Du niederschreibst,
je mehr wirst Du die Gewissheit erlangen,
das alles weg sein wird.
Ja Du weißt das alles weg sein wird ...
Du nimmst das Blatt, liest Dir nochmals durch ...
was Du geschrieben hast ...

„längere Pause" ...

Nun faltest du es zusammen,
steckst es in den bereitliegenden Umschlag,
Du adressierst ihn an Dich ...
Ja, Du schreibst Deine Adresse ...
ja, es ist Deine Adresse,
denn Du hast diesen Brief an Dich geschrieben,
hast Dir diesen Brief geschrieben,
so hast Du die Möglichkeit,
früher oder später diesen Brief nochmals zu öffnen ...
sollte dies Dein Wunsch sein ...
Du schaust Dich um ...
und bemerkst an der Wand einen Briefkasten,
Dein Briefkasten.
Und nun liegt es an Dir den Brief einzuwerfen,
oder einfach nicht einzuwerfen ...
einzuwerfen oder nicht einzuwerfen ...
doch letztendlich macht dies keinen Unterschied,

denn all das Aufgeschriebene ...
wird zukünftig nicht mehr ein Teil Deines Lebens sein.
All das aufgeschriebene ...
wird zukünftig nicht mehr ein Teil Deines Lebens sein ...

Doch nun hast Du genug geträumt,
diesen anderen Traum in dem anderen Schlaf ...

Und wie Du da stehst ...
und Dich die ganze Zeit auf der Liege beobachtet hast
bemerkst Du,
wie dieses andere ich,
Dein anderes ich ... die Augen öffnet
sich auf der Liege aufrichtet
und auf Dich zukommt.
Und auch Du kannst Dich nicht mehr halten
und beginnst Dich auf Dein eigenes ich zuzubewegen ...
Und je näher und näher Ihr kommt
Desto Entspannter und Entspannter werdet Ihr ...
Wirst Du ...
Und Du spürst wie ihr Euch vereint,
wie Ihr verschmelzt ...
und die Kraft und Zufriedenheit und Ausgeglichenheit
in Dir zu nimmt ...
Die Kraft und Zufriedenheit und Ausgeglichenheit
nimmt einfach nur zu ...
und Du weißt, dass Du dieses Gefühl ...
der Stärke, der Kraft, des Entspannt seins und der Zufriedenheit
jeder Zeit wieder in Dir spüren kannst.
Hierzu suchst Du Dir einen ruhigen Ort,
schließt einfach Deine Augen

und drückst Deinen Daumen und Zeigefinger
der rechten Hand zusammen...

Auch in diesem Zustand der Entspannung ist es Dir möglich
Deinen Daumen und Deinen Zeigefinger zusammen zu drücken
... Drücke nun Deinen Zeigefinger und Daumen zusammen
und behalte diese tiefe Entspannung und Zufriedenheit,
dieses Gefühl, welches Dich gerade umgibt ...
in Deiner Erinnerung ...
Und immer wenn Du deine Augen schließt,
Deinen Daumen und Zeigefinger zusammendrückst
wirst Du dieses Gefühl der Entspannung in Dir wahrnehmen,
immer wenn Du deine Augen schließt,
Deinen Daumen und Zeigefinger zusammendrückst
wirst Du dieses Gefühl in Dir wahrnehmen ...
Und so kannst Du jederzeit dieses Gefühl
erleben, spüren, empfinden ...
schließe einfach Deine Augen
und drücke den Daumen und Zeigefinger
Deiner rechten Hand zusammen ...

(Kann, muss aber nicht gesagt werden).

Und alles was ich Dir gesagt habe
sind hochwirksame Suggestionen,
alles was ich Dir gesagt habe
sind hochwirksame Suggestionen
die sich tief in Deinem Unterbewusstsein verankern,
tief verankert sich alles was ich Dir gesagt habe
und ist ab sofort immer für Dich verfügbar ...

Doch nun ist es an der Zeit Deinen Raum wieder zu verlassen,
Deinen Raum in den Du jederzeit zurück kannst
in den Du jederzeit zurück kannst,
in dem Du sicher und geborgen,
ja, sicher und geborgen bist ...

Du kommst in den Gang,
gehst wieder die Stufen nach oben ...

(Hier kann nun die Ausleitung erfolgen, oder noch ein weiterer Text, eine kleine Reise etc.).

10.2 Wirktext / Vertiefung – Entspannung

... Du bist ganz gelöst,
bist Entspannt,
hast die Ruhe gefunden.
Da ist das warme Gefühl im Bauch ...
Da ist die Zufriedenheit ...
Und wenn Du jetzt mit Deiner Atmung einmal ...
tief ... mit in Dich hineingehst ...
kannst Du mit der Luft,
die Frische aufnehmen ...
Energie tanken ...
Diese Frische, breitet sich aus ...
über Dein Gesicht
da ist ein kribbeln in den Wangen,
oder eine sanfte Wärme am Kinn ...
Ganz still ... vollkommen ruhig und entspannt.
So kannst Du Dir nun erlauben,
Dich mehr und mehr zu entspannen ...
Alles andere ist nun vollkommen unwichtig für Dich,
da ist nur meine Stimme und Deine Entspannung ...
Alles andere wird immer unwichtiger ...
und unwichtiger.
Da ist Ruhe, da ist Entspannung.
Stell Dir einfach vor,
Du liegst bequem auf einer Wiese ...
schaust in den Himmel
in den blauen Himmel ...
Und irgendwo an diesem Himmel ...
ziehen Wolken, wie weiße zarte Wattebäusche ...
Zieht ein Vogel seine Kreise.

und mit jedem Kreis, den der Vogel zieht,
sinkst Du noch tiefer ...
in diesen wundervollen Zustand der Entspannung ...
tiefer, mehr ...
Spürst da Kribbeln im Gesicht ...
im Nacken, in den Schultern ...
gibst alles ab ... spürst die Entspannung.
In den Armen ... Händen ...
Fingern ... bis in die Fingerspitzen.
Gibst alles ab, empfängst die Entspannung.
Jeder einzelne Wirbel ...
bis ins Becken ...
Brust, Bauchraum ...
so eine angenehme Wärme im Bauch ...
Oberschenkel , Beine, Füße ...
Zehen ...
fließt alles ab ...
was Du nicht brauchst ...
Und mit jedem Atemzug die Frische ...
die Entspannung,
die Ruhe ... und ...
In diese Entspannung ...
kannst Du ab sofort jederzeit ... selbst gehen.
Setzte Dich dazu einfach an einen ruhigen Ort,
schließe die Augen ...
und stelle Dir das Gefühl vor,
dass Du im Moment spüren kannst ...
Entspannung ...
Totale Entspannung ...
Ruhe und Zufriedenheit ...

10.3 Krisen Überwinden

Unsere Welt, unser Leben,
ist geprägt durch die Veränderung.
Veränderung ... Evolution ist ... Normalität ...
Der Lauf der Veränderung, ist Bestandteil des Ganzen.

Und auch Du kannst, wenn Du es zulässt
die Veränderung spüren,
kannst die Veränderung zulassen.
Da gibt es Gründe für eine Krise ...
Da gibt es Gründe für Angst ...
Angst vor der Zukunft,
Angst vor XX *(Grund des Klienten)*

Und Dein Unterbewusstsein ...
weiß genau, worum es geht,
und Dein Unterbewusstsein ...
wird dies nun auf eine kluge Weise ...
für Dich erledigen ...

Ich weiß ...
dass Dein Unterbewusstsein mehr darüber weiß,
als Dein Bewusstsein zu wissen glaubt.
Und wenn Dein Unterbewusstsein mehr darüber weiß
als Dein Bewusstsein zu wissen glaubt,
weißt Du wahrscheinlich ... auch mehr darüber,
als Du zu wissen glaubst ...

Ich werde jetzt Deinem Unterbewusstsein
Jetzt ... einen Tausch vorschlagen.

Negative Gedanken *und Angst vor der Zukunft ...*
werden nun ... absolut überflüssig.
Dafür bekommt Es ... neue, positive Gedanken,
die Dich voller Zuversicht ...
in die Zukunft blicken lassen ...

(Beispiele, können jederzeit abgeändert werden)
Ich bin voller Optimismus und gehe positiv in die Zukunft ...
Ein Neuer Anfang ist der Anfang in eine bessere Zukunft ...
Ich bin voller Kraft und Energie ...
Ich denke positiv und meine Ausstrahlung ist positiv ...
Ich kann alles schaffen, wenn ich will.....
Ich erledige alles immer sofort ...
Es wird mir an nichts fehlen ...

Und wie Du weißt ...
ist Dein Bild welches Du nach Außen präsentierst,
auch immer ein Spiegelbild Deines Inneren,
Deiner Gedanken ...
Deiner Gefühle ...

Vergesse darum nicht,
was Du denkst ... zeigst Du nach Außen ...
Denkst Du pessimistisch ... voller Sorgen,
so ziehst Du die Sorgen an.
Was immer Du glaubst ... wird Realität,
wird Deine Realität.
Wenn Du Deinen Glauben änderst,
änderst Du Deine Realität.

Deswegen tauscht Dein Unterbewusstsein ...

Alle negativen Glaubenssätze ...
und Angst vor der Zukunft ...
in positive Glaubenssätze.
Welche Dich ...
voller Zuversicht in die Zukunft blicken lassen ...

Du brauchst nichts dafür zu tun,
Dein Unterbewusstsein wird von selbst dafür sorgen ...

(Selbstverständlich sollte bei diesem Text der Klienten bezogene Text, der Grund der Konsultation mit eingebaut werden.
Hilfreich ist in jedem Falle, wenn es immer mehrere Wiederholungen gibt, denn ein Wiederholen FESTIGT).

(Hier kann nun die Ausleitung oder ein weiterer Text erfolgen).

10.4 DIE SEELE REINIGEN

... so wie wir in unserem Leben,
die Erfahrungen, die Erlebnisse ...
in uns aufnehmen.
Und dort im Bewussten,
so wie im Unbewussten ablegen.
So können wir auch Raum schaffen ...
Energie frei geben ... Loslassen.
Da gibt es Erlebnisse ...
welche Das Unterbewusstsein noch nicht verarbeitet hat.
Erlebnisse ohne Bedeutung für Dich ...
Doch letztendlich, kosten sie Platz, und Energie ...
Loslassen und Frei ... machen ...
Schließe bitte jetzt Deine Hände zu einer Faust ...

... Gut so ...
(...wenn dies erfolgt ist, ansonsten nochmalige Aufforderung)

Du bist Entspannt und Dein Wachbewusstsein ...
genießt diese Entspannung ...
Brauch auch nicht weiter aktiv zuzuhören,
denn Dein Unterbewusstsein wird dies übernehmen.
Und Dein Unterbewusstsein geht jetzt auf die Suche,
nach allen Dingen ...
die in Deinem Unterbewusstsein abgelegt sind,
All die Dinge, die Du nicht mehr benötigst,
die abgegeben werden können ...
Die Platz kosten ...
Energie kosten ...
Du aber nicht mehr benötigst.

All die Dingen,
die in Deinem Unterbewusstsein abgelegt sind,
die Du nicht mehr benötigst,
die abgegeben werden können ...
Die Platz kosten ...
Energie kosten ...
wird Dein Unterbewusstsein ...
jetzt ...
und in den nächsten Minuten für Dich finden
und diese einfach in Deine geschlossenen Fäuste fließen lassen.

Es ist so einfach, stell es Dir vor,
alle diese Dinge fließen nun in Deine Fäuste,
so lange, bis ich wieder zu Dir spreche,
solange bis ich wieder zu Dir spreche.

(ca. 2-5 Minuten Pause)

Da ist eine Schwere ...
eventuell fühlen sich Deine Fäuste jetzt voll und schwer an,
voll und schwer ...
Du kannst all Dinge in Deinen Fäusten jetzt einfach loslassen.
Loslassen ...
indem Du gleich Deine Fäuste öffnest.
Und ALLES wird einfach verpuffen,
wird weg sein ...
Und es ist gut zu wissen ...
das Du einfach gleich, wenn ich es sage,
Deine Hände öffnen kannst ...
und all die Dinge einfach von Dir lässt ...
Stell Dir dabei einfach vor,

ALL die Dinge,
die jetzt noch in Deinen Fäusten sind,
verpuffen sofort, verfliegen ...
sobald Du die Fäuste öffnest ...
Öffne Deine Fäuste ...
Öffne Deine Fäuste ...
ALLES ist weg ...
Alles ist weg ...
Bist Frei ...

(Hier kann nun die Ausleitung oder ein weiterer Text erfolgen).

11. Schlusswort

Es ist VOLLBRACHT, Modul 1, das Seminarheft, oder das Seminar vor Ort ist an seinem Ende angelangt.
Hypnose Grundkurs, Hypnotiseur!
Gratuliere - Das Wissen ist da, Sie sind in der Lage Hypnose anzuwenden. Eventuell ist da noch ein gewisser Respekt und die Eine oder der Andere hat noch viele Fragen, eine gewisse Scheu, doch das geht weg, Übung bringt den Spaß, Übung bringt die Sicherheit.

Sollte da noch ein gewisses Hemmnis sein ... die Sprache?
Nützen Sie einfach mein Angebot einer Sprechprobe.
Senden Sie mir ein E:Mail an: **info@hypnos-esslingen.de** mit dem Hinweis: **Sprechprobe Modul 1**.
Sie erhalten KOSTENLOS eine Datei per Mail, oder einen Datenträger per Post.

Für ALLE, die jetzt mehr wollen, die fortgeschrittener Hypnotiseur oder Hypnosetherapeut / Hypnos.esslingen werden wollen, oder auch nur rein aus Neugierde, empfehle ich Modul 2 und Modul 3.

Sicherlich ist es in der Regel wesentlich einfacher das Ziel im Seminar vor Ort zu erlangen. Fragen direkt stellen zu können und Antworten sofort zu erhalten.
Sehen, Hören, Fühlen und Üben ... vor Ort ...

Liebe Grüße
Ralf

Der Autor ...

Ralf Häntzschel

Heilpraktiker für Psychotherapie
Hypnosetherapeut

Jahrgang 1956, geboren in Kirchheim unter Teck .
Lebt und praktiziert in Esslingen am Neckar.

Bei Fragen senden Sie einfach ein E:Mail an:

info@hypnos-esslingen.de

Mehr Infos über **weitere Bücher** und Arbeiten des Autors:

www.hypnos-esslingen.de